Kinder fordern uns heraus
Ratgeber für die Familie bei Klett-Cotta

Alle unsere Erziehungsratgeber aus der Reihe »Kinder fordern uns heraus« finden Sie unter www.klett-cotta.de/erziehung

SUSANNE HELD

Vorlesen

oder die Kunst,
Bücher in Kinderherzen zu schmuggeln

KLETT-COTTA

Klett-Cotta
www.klett-cotta.de

Printed in Germany
Schutzumschlag: Finken & Bumiller, Stuttgart
unter Verwendung einer Zeichnung von Lilli Messina, Frankfurt a. M.
Gesetzt aus der Melior von Dörlemann Satz, Lemförde
Aus säure- und holzfreiem Werkdruckpapier gedruckt
und gebunden von Claussen & Bosse, Leck
ISBN-13 978-3-608-94115-9
ISBN-10 3-608-94115-0

Inhalt

1 Vorlesen oder die Kunst, mit Geschichten Kinderherzen zu gewinnen

Es ist still? Sie haben das Buch »Vorlesen oder Die Kunst, Bücher in Kinderherzen zu schmuggeln« aufgeschlagen, wollen nicht gestört werden, sitzen dort zu Hause, wo Sie am liebsten sitzen, der helle Lichtkegel der Leselampe ist auf das Buch in Ihrem Schoß gerichtet, Sie haben sich Tee oder Kaffee gemacht, etwas zum Knabbern geholt, die Tür hinter sich geschlossen und genießen die Augenblicke der Ruhe, der sich einstellenden Stille. Sie sind ungestört. Ihre Kinder haben ihren Tag wieder einmal bis zum Letzten ausgeschöpft, sie liegen friedlich in ihren Betten und schlafen tief, sind längst in ihrem Traumland angekommen.

Erweitern Sie diese Situation ein wenig: Es ist Samstag- oder Sonntagnachmittag, draußen regnet und stürmt es, kein Wetter zum Spielen und Toben vor der Tür. Sie haben sich ins Wohnzimmer, aufs Sofa oder an einen Tisch gesetzt, Tee gemacht, Kekse geholt, und jetzt können es Ihre Kinder kaum erwarten, bis es endlich losgeht: Sie prickeln vor Freude auf eine halbe Stunde Vorlesen, eine Stunde Zuhören, eine kleine Ewigkeit Wegtauchen aus dem Alltag und seinen Grenzen …

Und was lesen Sie vor? Das neue Buch, das unter den Weihnachtsgeschenken war? Oder eines, das Sie schon einmal oder bereits mehrmals vorgelesen haben, vorlesen mussten, dessen »Story« Ihre Kinder also schon kennen oder wiedererkennen, bei dem Sie bereits keine Zeile mehr weglassen dürfen, weil die älteren Zuhörer, die bald oder schon in die Schule gehen, einige Passagen fast schon auswendig wissen, kurz ein Buch, dessen Ton Ihnen und Ihrem kleinen Publikum immer wieder von Neuem Freude macht? Zum Beispiel Jim Knopf und die Wilde 13, ein Buch, dessen Autor es gelingt, jeden kleinen Zuhörer ins behagliche Wohnzimmer von Frau Waas zu versetzen und ihren goldgelben Gugelhupf nicht nur zu riechen, sondern ihn auch gleich essen zu wollen. Oder stellen Sie sich den Räuber Hotzenplotz vor, dessen glücklich endende Geschichte sich für Ihre kleinen Zuhörer zweifellos mit dem Duft von frischem Pflaumenkuchen mit Schlagsahne vermischt. Oder erinnern Sie sich an den Mäuserich Frederick, dessen Geschichte nach und nach einen Wall gegen Kälte, Hunger und Trostlosigkeit errichtet – auch für die Zweifelnden! Und das allein durch das Erzählen.

Warum erzähle ich Ihnen das alles? Sind Sie schon ungeduldig, dass es jetzt endlich – für Erwachsene – losgeht? Gleich, gedulden Sie sich bitte noch einen Augenblick. Denn genau jetzt spüren Sie, wie intensiv Erwartungen, Phantasien, Hoffnungen bei Ihnen geweckt werden – und das bei einem Buch, das nur ein Buch über Bücher ist. Ein Buch, das in Ihnen die Freude wecken, auch ein wenig die lohnende Anstrengung und Selbstverpflichtung verdeutlichen will, die das Vorlesen nach sich zieht. Denn Vorlesen, wenn Sie es einmal geschafft haben, ist ein Genuss für Ihre Kinder – und Sie. Ihren aufmerksamen Zuhörern eröffnen Sie den Zugang zu einer ungeahnten Welt, die in jedem Kind schlummert. Sie schließen mit dem Vorlesen nur die Türe zu dieser Phantasie- und Gedankenwelt auf – alles andere machen die Kinder selbst.

Kinder brauchen zunächst Begleitung; manche Kinder sogar lange Zeit. Und Begleitung ist notwendig. Wie oft haben Sie sich umgedreht, um auf Ihre Tochter oder Ihren Sohn, als sie die ersten Schritte machten, aufzupassen? Damit sie nicht stolpern, nicht hinfallen, wollten Sie einfach da sein, falls doch einmal etwas passierte. Kennen Sie die ausdruckslosen Gesichter von Vätern und Mütter auf den Spielplätzen, die mit einem Großteil ihrer Aufmerksamkeit die Expeditionen ihrer Kleinen verfolgen, hin- und hergerissen zwischen dem Impuls, ihr Kind zu beschützen, und dem Imperativ, es freizulassen? Die angestrengten Mienen, wenn dieselben Eltern zum hundertsten Mal helfen müssen, auf die Schaukel zu steigen oder die Treppen auf die Rutsche zu meistern? Alle Eltern tun das, ob freudig oder genervt, ob begeistert von der Freude ihrer Kinder oder entgeistert und überwältigt von den Anstrengungen in Beruf, Familie, Alltag, zu vielen Sorgen, zu wenig Schlaf ...

Wie viel schwieriger ist es lesen zu lernen! Aber wenn diese Eltern wüssten, welche Freude es bereitet, die gekonnten, oft kongenialen Bilder und Geschichten selbst mit Kleinkindern zu erkunden, dann würden sie die Anfangsschwierigkeiten gern auf sich nehmen. Im »Spielplatz Buch« sind Geborgenheit und Entdeckerfreude nämlich nicht länger Gegensätze. Richtig stolz sind die schon etwas älteren Kinder mit vier oder fünf Jahren, wenn sie kleine oder größere Abschnitte aus einem Buch nacherzählen können, ganz zu schweigen von den noch älteren Kindern, fast schon Jugendlichen, die sich mit ihren Gedanken und Gefühlen auf vielfältige Weise in Büchern und Geschichten wiederfinden. Dann braucht Ihnen niemand mehr eine staubtrockene Studie über den Wert und die Notwendigkeit frühkindlicher Leseförderung vorzutragen oder gar »vorzulesen«.

Vorlesen bedeutet nicht, die Zeit totzuschlagen, weil man nichts Besseres zu tun weiß. Vorlesen ist eine unbezahlbare Investition in die Zukunft Ihrer Kinder! Denn selbst wenn sie keine »Leseratten« werden sollten, haben sie doch erfahren und wissen, was Bücher sind, welche Welten sich durch Bücher eröffnen, Welten, denen wir uns im Alltag bewusst verschließen, Welten, aus denen Sie und Ihre Kinder aber immer wieder schöpfen und ihr eigenes Inneres bereichern, entfalten, selbst gestalten und nach und nach ergreifen können, weil sie selbst von dem, was sie da gehört und erlebt haben, ergriffen sind. Der Umgang mit Büchern erweitert und vertieft die seelische wie geistige Entwicklung wie kaum eine zweite Kulturtechnik.

Bücher sind, wie es ein arabisches Sprichwort so treffend und knapp sagt, »Taschenparadiese«, die Sie Ihrem Kind, Ihren Kindern nicht vorenthalten sollten. Genau das ist auch das Ziel meines Buches: Es will dazu ermuntern, eine Kultur des Vorlesens im Alltag einzurichten und bewusst zu pflegen. Ich bin davon überzeugt und möchte Sie in diesem Buch davon überzeugen, dass die Fähigkeit zu lesen (und vorzulesen) etwas vom Wertvollsten ist, das wir unseren Kindern mit auf den Weg geben können.

Dass ich dabei Schwieriges anziele, darüber bin ich mir durchaus im Klaren, denn es schließt mit ein, sich *mehr Zeit* für seine Kinder zu nehmen. Natürlich sind die Tage von Eltern vollgepackt mit notwendigen, unumgänglichen Terminen und Abläufen. In den einzelnen Kapiteln meines Buches möchte ich Ihnen dennoch zeigen, welch reizvolle Beschäftigung es sein kann, sich auf Kinderbücher einzulassen, und dass es deswegen durchaus angebracht ist, die eine oder andere Gewohnheit, den einen oder anderen eingespielten Tagesablauf zu verändern: Reizvoll nicht nur für die Kinder, denen das Vorlesen die phantastischsten Geschichtenwelten eröffnet und eine Zeit unmittelbarer Nähe zu den Eltern beschert, sondern erhellend auch für die Eltern, die oft gar nicht ahnen, welche Schätze an Weisheit und Witz in Kinderbüchern verborgen sind.

Wahrscheinlich erinnern sich viele noch an Kindheitsmomente, in denen Erwachsene oder auch große Geschwister uns vorgelesen haben – für meine Schwester und mich waren das Eltern, Großmütter, und unsere Vermieterin, eine ältere, gemütliche, in meiner Erinnerung immer heitere Frau, von der mir der Eindruck geblieben ist, dass sie einfach immer Zeit hatte und diese Zeit gern damit zubrachte, uns vorzulesen.

Gerade solche Menschen, die nicht in einer unmittelbaren »Versorgungsgemeinschaft« mit den Kindern leben und nicht bis über die Ohren im Sumpf der Alltäglichkeiten stecken (wie Vater und Mutter ja leider häufig) – gerade an solche Außenstehende möchte ich mich auch wenden. Möglicherweise ist Ihnen die Welt der Kinderbücher (noch) ein eher unbekanntes Gebiet – und vielleicht ist es Ihnen gar nicht bewusst, welch ein Geschenk Sie Ihrem Enkel oder Ihrer Patentochter oder einfach auch den Kindern der Nachbarn machen können, wenn Sie Ihnen Zeit und eine Geschichte schenken. Ihnen als den nicht unmittelbar vom Alltag mit Kindern Betroffenen gelingt es andererseits wahrscheinlich besser, die Erinnerung an Vorlesesituationen aus der Kindheit wachzurufen und nicht vor allem über das Mehr an Zeitaufwand zu ächzen, als das die Vorlesezeiten einer Mutter erscheinen mögen.

Probieren Sie doch einfach mal aus, beim nächsten Besuch bewusst eine Stunde fürs Vorlesen zu reservieren. Dies ruhig schon in die Planung mit einbeziehen und mit den Eltern absprechen. Bringen Sie ein Buch mit oder nehmen Sie ein Lieblings- oder ein neues Buch aus dem Kinderzimmerregal. Bringen Sie auch noch etwas »Ambiente« mit, zum Beispiel die schon erwähnte Kerze und den Tee, eventuell auch noch »was zum Knabbern« – das kann ja vielleicht sogar ein Gugelhupf à la Waas oder Pflaumenkuchen nach Art der Großmutter sein, über den die Kinder nach der Vorlesestunde zweifellos herfallen werden, während sich alle über den Ausflug ins Reich der Phantasien austauschen können. Stellen Sie sich vor, erinnern Sie sich, was Ihnen das Vorlesen unvergesslich gemacht hat. Nehmen Sie sich wirklich richtig Zeit, sich mit den Kindern und dem Buch hinzusetzen, zu lümmeln, nach Belieben zu lagern, und in die Phantasiewelt einzutauchen. Machen Sie die Tür zum Alltag zu und genießen Sie eine Stunde geteilter Abenteuer mit Ihren kleinen Begleitern. Abgesehen davon, dass Sie damit den Kindern unendlich Wertvolles geben, ist es sicher auch für die Eltern schön, in dieser Zeit ungestört etwas für sich unternehmen zu können. Und lassen Sie sich darauf ein, nehmen Sie sich ein Minimum an Zeit: eine halbe Stunde ist die unterste Grenze, am besten aber lassen Sie die Möglichkeit offen, den Spielraum der Vorlesezeit – vorzugsweise natürlich mit open end – flexibel zu gestalten. Betrachten Sie es selbst, auch wenn es zunächst vielleicht schwer fällt, als eine Übung im Muße-Haben; Ihre kleinen Zuhörer werden es Ihnen danken!

Immer wieder ist nun schon die Erinnerung daran angesprochen worden, wie wir selber als Kinder mit Lesewelten versorgt worden sind – wie uns vorgelesen wurde, und wie damit auch ein allmählicher Übergang zum Selberlesen geschaffen wurde. Wie beklemmend ist es, dass heute für viele Kinder an die Stelle solcher unersetzlicher Kostbarkeiten nur die Erinnerung an einen bei aller Vielfalt beliebiger Inhalte doch immer gleichen Bildschirm treten wird, an ein Medium, das zwar oft gemeinsam konsumiert wird, aber keine echte Zuwendung zueinander mehr ermöglicht, weil der flimmernde Bildschirm, sei es der Fernsehapparat oder das Computerspiel, die ganze Aufmerksamkeit der Kinder auf sich bündelt.

Noch ein Wort zu den Hörbüchern, die in noch immer wachsendem Ausmaß jegliches Genre von Literatur: von Ratgebern über die großen Werke der Weltliteratur bis hin zu den Kinderbüchern zu Gehör bringen können: Hörbücher sind wunderbar geeignet für gestresste Eltern, die glauben, dass sie nie und nimmer Zeit finden, um ihren Kindern vorzulesen. Nun meine ich aber durchaus nicht, dass es damit getan ist, in den nächsten Plattenladen zu gehen und einen Schwung der aktuellsten Kinder-Hörbücher für die lieben Kleinen zu erwerben. Nein, ich stelle mir vor, dass *Sie selbst* als Eltern sich den Genuss dieser Scheiben zugute tun: sei es beim Bügeln, bei längeren Autofahrten, im Verkehrsstau oder bei welcher Tätigkeit auch immer, die ein offenes Ohr und innere Aufnahmebereitschaft nicht ausschließt. So können Sie einige der hier vorgestellten Geschichten ohne zusätzlichen Zeitaufwand kennen lernen und sich einen ersten Eindruck davon verschaffen, wie die Geschichte und Ihre kleinen Zuhörer wohl zusammenpassen mögen.

Wenn wir Erwachsenen Hörbücher für Kinder hören, stellt sich als zweite, ungleich wichtigere Folge aber vielleicht auch bei vielen von uns die Erkenntnis ein, wie spannend, witzig und unterhaltsam das Vorlesen *als solches* sein kann. Ich kenne niemanden, der nicht von der Wiedergabe des Norbert Nackendick durch Christian Brückner begeistert wäre; der sich nicht hinreißen ließe vom Klang der Endreime der Elke Heidenreich, wenn sie ihre Geschichte über den Südpol zum besten gibt; oder der sich dem Zauber der unterschiedlichen Stimmwelten in Milnes »Pu der Bär« in der Wiedergabe durch Harry Rowohlt hätte entziehen können. All diese Hörbücher (und noch einige mehr, ich werde an gegebener Stelle darauf zurückkommen) sind perfekt wie vergleichsweise Weniges aus dem Hörbuch-Sortiment für Erwachsene.

Genau darin aber liegt auch ihre Gefahr: Kinder, die diese Hörbücher kennen oder sich überwiegend von diesen »Profis« vorlesen lassen, werden möglicherweise leicht auf den »familieneigenen« Vorleseton verzichten können. Wir als Eltern kommen sicherlich an die geschulte Qualität solcher Sprecher nicht heran. Aber wir begeben uns damit eben auch einer wunderbaren gemeinsamen Tätigkeit; wir geben die Zeit, die wir zusammen verbringen könnten, (wieder einmal) an ein Medium ab, weil es eben leider Wichtigeres gibt, als den Kindern vorzulesen.

Daher meine ich, dass die beste Einbettung von Hörbüchern in den Vorlesealltag darin besteht, dem *erwachsenen* Vorleser die jeweiligen Bücher nahe zu bringen; hat der Zauber »gegriffen«, haben Sie als Erwachsener sozusagen angebissen, dann stellen Sie die CDs weg und fangen Sie selbst mit dem Vorlesen an. Reservieren Sie vielleicht zunächst an den Wochenenden eine halbe oder eine Stunde fürs gemeinsame Schmökern, überfordern Sie sich nicht – aber nähren Sie den Begeisterungsfunken, der in Ihnen beim Zuhören entfacht worden ist, und geben Sie diesen Funken beim Vorlesen Ihren Kindern weiter. Ich bin sicher, wenn Sie diese gemeinsame Zeit mit Ihren Kindern nicht als zusätzlichen abzuarbeitenden Punkt im täglichen Stressprogramm, sondern als Nähe stiftendes, Freude bringendes, erholsames gemeinsames Abenteuer betrachten, dann wird sich die Zeit, die Sie mit Ihren Kindern und ihren Büchern verbringen, zwanglos von ganz allein erweitern.

Und die Hörbücher würde ich, wie gesagt, den Kindern nicht überlassen: nicht nur deswegen, weil ich als Mutter mit den mir gegebenen darstellerischen Mitteln niemals die Qualität eines Rufus Beck oder einer Elke Heidenreich erlangen werde, sondern auch, weil im wiederholten Konsum dieser CDs die Einmaligkeit der lebendigen

Vorlesesituation vollkommen verloren geht. Kinder lieben Wiederholungen, weswegen das Vorleseprogramm sicher, zumindest phasenweise, überwiegend im Wieder-Lesen besteht (je jünger die Kinder sind, desto mehr). Werden die Kindern nun mit Hörbüchern abgespeist, wiederholt sich immer dasselbe, bis hin in die feinsten Betonungsnuancen: Als ich klein war, kannte ich nicht nur die Märchen meiner Platten in- und auswendig, sondern wusste auch ganz genau, an welcher Stelle im Dornröschen oder im Rumpelstilzchen der Tonträger verkratzt war. Wenn dagegen Mutter oder Vater vorliest, bleibt die Geschichte als solche zwar beruhigend sich selber gleich, in diese Beständigkeit hineingewoben aber ist die besondere Tönung des Tages der Mutter und des Kindes, was – ausgesprochen (lesen wir unmittelbar vor, kann ja an jeder Stelle angehalten werden) oder auch nicht – die Zeit des Vorlesens mit bestimmt.

Dies Aus-dem-Augenblick-Geborensein, im Augenblick Aufgehobensein ist mit Hörbüchern nicht möglich – die kann man sich vielmehr, wie es so schaurig heißt, »mal eben reinziehn«, und die Geschichte flutscht dann runter, ohne nennenswerte Spuren zu hinterlassen – Zeitvertreib statt Zeiterfüllung. Es ist ein ähnlicher Unterschied wie zwischen dem Hören einer CD und dem Live-Erlebnis eines Konzertes – seien es nun die Berliner Philharmoniker unter Simon Rattle oder ein Blockflötenlied oder eine einfache Cellosonate, die Ihr Kind zu einem festlichen Anlass »live« zum Besten gibt.

Ein nicht unwesentliches Element des Vorlesens, vor allem für kleinere Kinder, besteht darin, gemeinsam die Bilder der Bücher zu erkunden. Wie viel gibt es da zu entdecken und mitzuteilen! Wir können Brücken schlagen von dem, was eben gelesen wurde, zu dem, was sich in den Bildern zeigt. Möglicherweise geben uns die Bilder auch einen Hinweis darauf, wie es weitergehen könnte. In dieser Kunst ist vor allem Ernest H. Shepard, der Illustrator von Pu, ein Meister – doch davon später mehr. Diese Bilder erzählen manchmal sogar Geschichten, von denen der Text gar nicht weiß, wie die Skurrilitäten in den Bildern von Sven Nordqvist zu den Geschichten um Findus und Pettersson: eine Zimtschnecke auf der Flucht, eine Kerze, ähnlich gramgebeugt wie Pettersson, ein Kaffee trinkendes Huhn …

Was uns – den Vorlesenden und/oder dem Kind, den Kindern – zu den Bildern einfällt, worüber wir da ins Gespräch kommen können, ist sicher jedes Mal, wenn wir uns zum Vorlesen zusammensetzen, etwas anderes. Natürlich können beim Konsum von Hörbüchern derartige Wahrnehmungen nicht gemacht und solche Gespräche nicht geführt werden.

Andererseits kommen die Kinder irgendwann in ein Alter, wo sie auch mal ganz gern mit den Büchern allein gelassen werden. Und da kann es sich natürlich ergeben, dass ein Lese-Anfänger in der Kombination von »echtem« Buch und Hörbuch seine Lesefähigkeiten übt. Doch auch hier ist das Medium Hörbuch zweischneidig: sobald wir merken, dass nur noch das Hören im Vordergrund steht, der Bezug auf den geschriebenen Text jedoch vernachlässigt wird, sollten wir die Aufmerksamkeit des Kindes aufs *Lesen* zurücklenken, das zwar natürlich mehr Mühe macht, dafür aber die Tür öffnet zum wunderbaren Leser-Leben.

Auf jeden Fall besser als die Kombination Buch / Hörbuch ist für Leseanfänger ein schlichter Rollentausch: Nicht mehr Mama oder Papa lesen vor, sondern das frischgebackene Schulkind schlüpft in diese Rolle. Falls es schon eine Vorlesetradition in der Familie gibt, falls die Vorlesezeit ein allseits geschätzter Bestandteil im Tages- oder auch Wochenrhythmus ist, wird das sicher zu einer tollen Herausforderung: endlich mal selber das Buch in die Hand nehmen dürfen, während Papa und Mama in die Rolle der passiveren Zuhörer überwechseln müssen. Wird ein schon bekanntes Bilderbuch vorgelesen, kann die Erinnerung die eine oder andere Lücke überbrücken, die sich im unmittelbaren Lesevorgang (noch) auftun mag. Für meine Söhne und mich war das eine phantastische Zeit, ein großartiges Erlebnis, wie die Kinder allmählich auch in diesem Bereich in Funktionen hineinwuchsen, die bisher zu den Domänen der Erwachsenen gehörten. Unnötig zu sagen, dass ein Kind ab dem Zeitpunkt, wo es selber lesen kann, auch gegenüber den jüngeren Geschwistern gern die Rolle des Vorlesers einnimmt.

Über das wiederholte Lesen und Vorlesen

Wir alle sind es gewöhnt, Gebrauchstexte einmal zu lesen und dann fortzuwerfen; das fängt bei der Tageszeitung an, setzt sich fort über vielerlei Arten von Handzetteln, Werbung, die Sendungen, die wir mit der Post bekommen … Lesen Sie auch nur die Hälfte, bevor Sie es in den Müll werfen, wenn sich kein persönlicher Brief darunter befindet? Und natürlich betrifft das auch die

Bücher. Taschenbücher kosten mittlerweile nur wenig mehr als eine Wochenzeitung, so dass es kein Tabu mehr ist, sie ebenso schnell zu lesen wie zu entsorgen. Wenn ich drei Euro für eine Zeitung ausgebe, die ich selbstverständlich fortwerfe, sobald ich sie ausgelesen habe, warum soll ich das dann nicht auch mit dem Buch tun, das nach dem Lesen nur unnötiger Ballast ist?

Ich will nun keinesfalls zu falsch verstandener Ehrfucht vor Büchern aufrufen. Das meiste, was an Büchern (zumal gar in Bahnhofsbuchhandlungen) erworben werden kann, lässt sich mit einem Mal Durchlesen verarbeiten, und wenn ich merke, dass ein Buch sich nach einer Bahnfahrt von wenigen Stunden erschöpft hat, zögere ich nicht, es in den nächsten Papierkorb zu werfen.

Kinderbücher, die zumeist in einem weitaus größeren Ausmaß mit Phantasie, Erfindungsreichtum und Weisheit versehen sind, sollten aber von diesem Schicksal ausgenommen werden, denn jedes einzelne der hier besprochenen Bücher (und es gibt noch viele mehr) *lohnt* nicht nur die wiederholte Lektüre, sondern es *verlangt* sie geradezu. Dass die Kleineren unter den Zuhörern und Mitschauenden die wiederholte Beschäftigung mit einem Buch mögen und brauchen, versteht sich von selbst, aber auch die Bücher für Kinder und Jugendliche, die schon selbst lesen, bieten bei zweiter oder gar dritter Lektüre durchaus noch eigene und neue Reize. Wer den fünften Band von Harry Potter ausgelesen hat, an dessen Ende wieder einmal die magische Welt mit der der Muggels aufeinander prallt, wird mit Vergnügen den ersten Satz aus dem ersten Bandes wiederlesen: »Mr. und Mrs Dursley waren stolz darauf, ganz und gar normal zu sein, sehr stolz sogar«, ein Satz, der sich ja von Band zu Band mit mehr denkwürdigen Details anreichert.

Schließlich noch ein praktischer Hinweis zur Lektüre: Wenn Sie dieses Buch und später dann die angesprochenen Bücher selbst lesen, legen Sie sich einen Stift und ein Heft zurecht, in dem Sie Assoziationen festhalten können, die Ihnen aus der Kombination des Gelesenen mit den Eigenarten Ihrer Kinder einfallen. So kann allmählich eine Sammlung entstehen, nicht nur von empfehlens- und wünschenswerten Büchern, sondern gleich auch noch von den Berührungspunkten zwischen Ihnen, Ihren Kindern und ihren Geschichten. Auch zu solchen Heften gibt es natürlich ein Vorbild in einem Kinderbuch: Die blauen Schreibhefte, in die Michels Mutter alle Streiche ihres Sohnes aufschrieb, verwahrt in der Kommodenschublade auf dem Hof Katthult in Lönneberga – wobei Michels Mutter natürlich nicht über Bücher schrieb, sondern »nur« über den Alltag mit ihrem großartigen Sohn. Damit aber legte sie – so ihre Autorin Astrid Lindgren – den Grund für die herrlichen Bücher über »Michel aus Lönneberga«.

2 Heimat-Finden statt Heimat-Suchen

»Oh wie schön ist Panama« von Janosch

Nicht nur die Buchbranche, die Buchhändlerinnen, die Verleger – auch wir Leser stöhnen unter der jährlichen Last an Neuerscheinungen. Fragen Sie sich nicht auch häufig, wie Sie für sich, für Ihre Kinder das passende Buch entdecken könnten, das Sie und die Kinder in der jeweiligen Stimmung abholen, fesseln, bereichern könnte? Sie fühlen sich angesichts der Flut von Kinderbüchern, die ständig zunimmt, überfordert? Es geht nicht nur Ihnen, es geht mittlerweile fast allen Lesern so.

Lassen Sie sich davon nicht beirren und grübeln Sie nicht darüber nach, dass Bücher in Ihrem Leben zu wenig Platz hätten. Sehen Sie sich in Ihrem Alltag um, dort finden Sie die richtigen Themen, vor allem für die ganz Kleinen und die schon etwas Kindergartenkinder:

Haben Sie zum Beispiel einen kleinen Sohn oder eine kleine Tochter, dem oder der es zurzeit zu schaffen macht, dass er oder sie nicht mehr allein im Kinderzimmer das Sagen hat, dass da ein kleiner Störenfried aufgetaucht ist, der alles durcheinander bringt? Und ständig gibt es Zoff und Gekabbel zwischen den beiden? Fragen Sie sich Tag für Tag: Warum bloß können sich die beiden nicht vertragen? Können sie nicht einfach friedlich miteinander spielen? Sehen sie denn nicht auch die guten Seiten, jetzt einen Bruder oder eine Schwester zu haben, mit denen sie spielen, denen sie der größere Bruder, die ältere Schwester sind und viel beibringen können? Wenn Sie schon selbst so weit sind, sich nicht mehr über zwei oder drei Kinder wirklich zu freuen, weil es ständig Streit gibt und das alles an Ihren Nerven zerrt, dann sind Sie reif für Panama – und zwar Sie und Ihre Kinder. Reif für »Panama« von Janosch. Denn in diesem wunderbaren Buch wird dargestellt, wie das gehen kann, dass zwei wirklich ungleiche Typen ganz herrlich miteinander auskommen:

Der kleine Bär und der kleine Tiger leben in einer makellosen Idylle. Sie haben ein gemütliches Haus in einer bezaubernden ländlichen Gegend, reizvoll gelegen am Ufer eines Flusses. Ihre Freundschaft könnte schöner nicht sein, denn sie ergänzen sich hervorragend: Der kleine Bär angelt Fische im Fluss, der kleine Tiger findet im Wald die dazu passenden Pilze. Beiden gelingt es prächtig, sich mit Nahrung zu versorgen, die danach vom kleinen Bären, der ein leidenschaftlicher Koch ist, zubereitet wird. Denn nichts freut ihn mehr als ein Genießer, der unbekümmert und ein klein wenig unverschämt immer die größte Portion für sich beansprucht.

Aber was nicht nur Sie und Ihre Kinder, sondern auch Goethe bereits wusste: Nichts ist schwerer zu ertragen als eine Reihe von schönen Tagen …, so idyllisch alles bei Bär und Tiger zu sein scheint, in ihnen beiden gärt noch eine Ungeduld, eine Neugier, eine große Lust auf das Leben, das Unterwegs-Sein. Denn sie verlassen ihr trautes Heim, weil der kleine Bär beim Angeln einem Geruch und einem Namen begegnet: Eine Kiste schwimmt auf dem

Wasser an ihm vorbei, er zieht sie an Land, ist von ihrem Bananengeruch betört, und stellt fest, als er die Aufschrift gelesen hat: »Panama ist das Land meiner Träume.« Er versteht es, seinem Freund, dem kleinen Tiger, umgehend so bezaubernd, so nachdrücklich und anschaulich von Panama zu erzählen, dass die beiden bereits wenige Stunden später aufzubrechen beschließen und sich am nächsten Morgen tatsächlich auf ihre große Weltreise begeben.

Ausgerüstet mit Angel und Kochtopf, Hut und Tigerente wissen sie zwar nicht, wohin sie gehen müssen, denn in unmittelbarer Nähe ihres Hauses gibt es keinen Hinweis, in welcher Richtung Panama liegt. Aber ohne irgendeine Ahnung wäre der Aufbruch sinnlos, weshalb der kleine Bär aus der aufgefischten Kiste, mit der alles angefangen hatte, einen Wegweiser bastelt, und los geht die Reise.

Als erstes treffen sie eine ahnungslose Maus, die tatsächlich behauptet, es gebe nichts Größeres als ihr Mauseloch, und daher auch an der Pracht und Größe von Panama zweifelt. Wer *so* an seiner eigenen Scholle klebt, könnte unseren beiden Globetrottern nicht einmal den Deut eines guten Ratschlags geben. Genau so ergeht es den beiden Scouts mit dem Fuchs, der offenkundig von der Vorfreude auf sein Tête-à-tête mit der Gans erfüllt ist. Er liegt falsch mit seinem Rat, nach links zu gehen. So laufen der kleine Bär und der kleine Tiger unwissentlich und wohlgemut unverdrossen in die falsche Richtung weiter. Schließlich hatte auch die Kuh sie in die Irre geschickt, weil sie lediglich weiß, dass ein Land-der-Träume nicht in der Richtung liegen kann, wo der Bauer zu Hause ist.

Aber weder von diesem Irrtum, von dem die beiden Panama-Fahrer nicht einmal etwas ahnen, noch von einem abendlichen Regenguss, den sie tapfer überstehen, lassen sie sich ihre gute Laune verderben: Der kleine Bär baut eine Regenhütte, in der unsere Pfadfinder Schutz finden und sich an einem gemeinsam entfachten Feuer wärmen. Zunächst scheint die erste Mahlzeit der Reise gefährdet zu sein, weil es dem Bär nicht gelingen will, einen Fluss für seine Angel findet. Gerettet wird der Abend vom kleinen Tiger, der so viele Pilze findet, dass er sie kaum tragen kann.

Bald entsteht auch die erste Reisebekanntschaft: Sie treffen den Hasen und den Igel, die von der Erntearbeit heimkehren und die beiden Abenteurer zu sich nach Hause einladen. Hase und Igel erliegen durch die Abend füllenden Erzählungen des kleinen Bären dem Reiz von Panama, das für diese beiden nun auch zum Land ihrer Träume wird. Der kleine Bär und der kleine Tiger lernen den Zauber eines gemütlichen Sofas kennen, eine Erfahrung, die in ihrem Leben bisher offenbar gefehlt hat. Und gleich ist es beschlossene Sache, dass zum zukünftigen traumhaften Leben in Panama ganz bestimmt ein Sofa gehören muss.

Nach einer Nacht auf dem Sofa von Hase und Igel, einer Nacht, die bei den Gästen wie bei den Gastgebern von Traumland-Träumen erfüllt ist, brechen Bär und Tiger wieder auf. Nun treffen sie eine Krähe, die nach dem Weg gefragt wird. Der kleine Bär fragt nach dem Weg »in unser Traumland«, ohne dass der Name Panama genannt wird, und ohne Zögern erhebt sich die Krähe in die Luft, fordert Bär und Tiger auf, ihr zu folgen. Ihr Ziel ist der

Wipfel eines hohen Baumes, nicht ganz unbeschwerlich für die beiden Freunde, dorthin zu gelangen. Von dort zeigt sie ihnen, als alle wohlbehalten oben angekommen sind, den weiten Blick in die Umgebung. Der Horizont ist auf der dazugehörigen Abbildung deutlich nach unten verschoben, der Bär und der Tiger sehen in einer grandiosen Gesamtschau zum ersten Mal ihr Land von oben: »Viel schöner als alles, was ich in meinem ganzen Leben gesehen habe.« Ganz klar: das ist Panama, das Land ihrer Träume, und deutlich ist am Fluss eine ideale Stelle für ein kleines, gemütliches Haus mit Schornstein erkennbar.

Sie klettern vom Baum herunter und machen sich auf die letzte Etappe ihrer Reise: Der Fluss wird auf einem mit vereinten Kräften gebauten Floß überquert, und nach einer Strecke Wegs auf der anderen Seite des Flusses erreichen sie eine etwas defekte Brücke, die in bewährter Teamarbeit wieder instand gesetzt wird. Weil an ihr mittlerweile der Zahn der Zeit genagt hat, erkennen die Freunde nicht, dass es sich um die vom Bär selbst gebaute, zu ihrem früheren Zuhause gehörige Brücke handelt. Und dann, als sie die Brücke überquert haben, schließt sich der Kreis, indem der kleine Bär ein Schild mit der Aufschrift Panama findet: Ihr Ausgangspunkt, der selbst gebastelte Wegweiser, wird zum Ziel. »Und sie tanzten vor Freude hin und her und ringsherum.«

Nun also finden sie in ihrem früheren Häuschen, das sich – ebenso wie die Brücke – im Lauf der Zeit merklich verändert hat, ihr Traumhaus, in dem früher von ihnen bewohnten Garten am Fluss ihr Traumland; und als alles mit vereinten Kräften wieder instand gesetzt ist – das

Dach gedeckt, der Rasen gemäht, die nötigen Möbel gebaut –, fühlen sie sich rundum wohl und zu Hause in ihrer neu gefundenen Heimat. Das Tüpfelchen auf dem i des Wohlbefindens ist »ein Sofa aus Plüsch und ganz weich«, so eins, wie sie es bei Hase und Igel kennen gelernt hatten. Am Schluss sind sie da, wo sie am Anfang gewesen waren – allerdings nun mit der Gewissheit, wirklich im Land ihrer Träume zu sein: »Da brauchen wir nie, nie wieder wegzugehen.«

Ja, so ist das mit Panama. Der Autor selbst fragt abschließend: »... dann hätten sie doch gleich zu Hause bleiben können? ... dann hätten sie sich den weiten Weg gespart?« Was ist der Ertrag aus dieser Kreisbewegung, die genau da endet, wo sie angefangen hat?

Die Geschichte erzählt vom Träumen, und sie erzählt davon, wie Träume wahr werden. Dabei beginnt sie nicht mit einem Zustand des Unbehagens – nein, der kleine Bär und der kleine Tiger haben alles, was das Herz begehrt, sie brauchen sich vor nichts zu fürchten, und diese beiden Grundwahrheiten tauschen sie auch immer wieder glücklich aus. Dazu kommt eine bezeichnende Verschiebung der Wortwahl: Der kleine Tiger geht nicht in den Wald, um Pilze zu *suchen*, sondern um Pilze zu *finden*. Das heißt: die Möglichkeit, dass der kleine Tiger *keine* Pilze findet (was beim Pilze-Suchen ja durchaus passieren kann), ist von vornherein ausgeschlossen. Die Ergebnisoffenheit des Suchens ist gewissermaßen »halbiert« auf die geglückte Seite des Suchens, das Finden.

Der Optimismus, der aus dieser Verschiebung spricht, erwächst natürlich daraus, dass der kleine Bär und der kleine Tiger sehr gute Freunde sind. Wie rührend ist es fast auf jeder Seite des Buches thematisiert und dargestellt, dass der kleine Bär und der kleine Tiger füreinander da sind, dass sie sich aufeinander verlassen können, dass sie sich aus tiefstem Herzen gern haben: Der Bär fischt für beide, der Tiger findet Pilze für beide, der Bär kocht für beide, auf ihrer Reise baut der Bär für beide eine Regenhütte, der Tiger findet auch – als Fischfang mangels Fluss ausfällt – auf der Fahrt nach Panama reichlich Pilze für beide; Holzsammeln, Floßbauen, Brückenreparatur und schließlich die Instandsetzung der neuen alten Heimat – alles geht wunderbar Hand in Hand, immer aus der Zuneigung zum Freund heraus. Sogar die gelinde Unverschämtheit des kleinen Tigers beim Essen (»alles zusammen, und zwar die größte Portion«) ist für den Bär kein Grund zur Aufregung, sondern eine schöne Bestätigung für das geglückte Ergebnis seiner Bemühungen als Koch.

Diese zahlreichen Beispiele gelungener Zusammenarbeit oder auch des freiwillig geleisteten Verzichts auf eigene Wünsche zugunsten dessen, was der Freund braucht oder möchte, bieten ein reiches Feld von Möglichkeiten, sich mit den Kindern, mit denen wir die Geschichte vom schönen Panama erleben, über Freundschaft auszutauschen: vielleicht gab es gerade eine Kränkung durch den Freund? Vielleicht können wir aber auch ganz einfach überlegen, was es denn ist, das die Qualität der Beziehung zum besten Freund, zur besten Freundin so besonders macht? »Schau mal, der kleine Tiger verlangt da einfach die größte Portion – wie würde es dir gehen, wenn du für dich und deine Freundin Essen machen würdest, und Greta würde einfach das meiste wollen?« – Oder: »Nun sieh doch nur, was der kleine Bär da für eine Dummheit macht – will mit seiner Angel Fische holen, wo gar kein Fluss ist! Wenn der Mattis bei dir so was Dummes bemerken würde – wie würde er da wohl reagieren?« So und auf vielfältige andere Weise können mit der Geschichte von Panama die alltäglichen Begebenheiten zwischen Freundinnen und Freunden betrachtet werden.

Der eigentliche Impuls für die Geschichte ist natürlich auch nur auf der Grundlage dieser Freundschaft möglich: Der kleine Bär hat eine Idee, eine Vision vom Land seiner Träume. Das Bedürfnis und die Vorfreude, seinem Freund Tiger von diesem Land zu erzählen, steht ihm auf dem Bild, das ihn auf seinem Lauf nach Hause zeigt, ganz deutlich ins Gesicht geschrieben. Und der Enthusiasmus, mit dem er von seiner Vision erzählt! Der kleine Tiger ist ganz Ohr, hört seinem Freund zu »bis spät in die Nacht hinein«, und der Entschluss, umgehend aufzubrechen und diese Vision wahr zu machen, ist für die beiden Freunde eigentlich schon fast eine Selbstverständlichkeit.

Und das Wunderbare, das sich durch diese Freundschaft dann ereignet, ist: dass eine Vision, ein Traum Wirklichkeit wird. Und zwar in einer Art und Weise, die – würde man das Moment der Freundschaft außer acht lassen – geradezu atemberaubend widersinnig anmutet: Ihre Vision entspringt einem Geruch und einem Klang – Bananen und Panama –, und daraus entwickelt sich ein Phantom: »Das Land unserer Träume«. Seine beiden »einzigen« Merkmale sind: Alles ist viel schöner und größer als hier. Die Freundschaft gibt Tiger und Bär den Mut und die Tatkraft, ihr Heim zu verlassen und sich in Richtung ihres Traumlandes auf den Weg zu machen – aber was für ein Weg! Er ergibt sich aus einer grotesk-naiv anmutenden Fehlentscheidung gleich ganz zu Beginn: Wenn kein Wegweiser da ist, der einem den Weg zeigt, muss man ihn selbst herstellen – aber wie kann man einen Wegweiser aufstellen, wenn man den Weg nicht weiß? Oder andersherum: Wenn man einen Wegweiser aufstellen kann, wozu braucht man dann überhaupt noch einen? Dann wird der Weg durch Fehlinformationen vom Fuchs und von der Kuh bestimmt; aber obwohl er auf so vollkommen verqueren Vorgaben beruht, führt er nicht nur zu irgendeinem, sondern zu *dem* Ziel: Zum Land unserer Träume, in dem alles viel größer und schöner ist. Der kleine Tiger und der kleine Bär können also gar nicht in die Irre gehen, und es stimmt tatsächlich, was sie sich von Anfang an immer wieder gegenseitig zusichern und was immer kräftiger bestätigt wird: »Wer einen Freund hat ..., der braucht sich vor nichts zu fürchten.«

Die refrainartig in der ganzen Geschichte wiederholte Wendung »... der braucht sich vor nichts zu fürchten« entstammt der innigen Freundschaft zwischen Bär und Tiger, und diese Gewissheit ist es auch, die die negative Seite, den möglichen Abgrund des Suchens – vergebliche Suche, die ins Leere läuft; den falschen Weg, das Verhängnis des Scheiterns – grandios und souverän überbrückt. Der kleine Bär und der kleine Tiger sind Freunde, und diese Freundschaft kann auch aus Irrtum, Beschränktheit und Fehlern ein glanzvolles Schlussbild wirken. Man kann sagen, dass das Schlussbild, das ja bis aufs letzte Tüpfelchen dem Anfangsbild entspricht, seinen Glanz erst durch die Geschichte, den Weg nach Panama erhält. Was die beiden Kerlchen in Wahrheit verbindet, die da Arm in Arm stehen und dem Betrachter treuherzig in die Augen schauen, ist ja erst am Ende deutlich, nachdem sie miteinander auf der Suche nach dem Land ihrer Träume durch Dick und Dünn gegangen sind und alle möglichen Höhen und Tiefen durchwandert haben.

Das Buch ist nun vor allem deswegen eine ideale Geschichte für stressgeplagte große Brüder und Schwestern, weil es in der Sphäre dieser Freundschaft gar nicht so wichtig ist, wer groß ist und wer klein, obwohl der Größenunterschied und mit ihm auch der Unterschied im Alter recht deutlich herauskommt: Der Bär ist viel ernster, trägt mehr Verantwortung; er arbeitet mehr (er kümmert sich zum Beispiel um den Garten, während der kleine Tiger im Schaukelstuhl sitzt); er angelt, er kocht das Essen, er stellt den Wegweiser auf, während der kleine Tiger mit einem Nagel spielt … Er ist Wortführer bei der Maus und beim Fuchs und bei der Kuh und der Krähe, er baut auf dem Weg nach Panama einen Unterschlupf für beide, den kuscheligsten Platz aber bekommt ganz selbstverständlich der kleine Tiger. Mit dieser Freundschaftsgeschichte kann also auch der Unterschied in sozialen Beziehungen, vor allem unter Geschwistern sehr schön durchgespielt werden, wo es ja tagtäglich um die Aufgaben und Privilegien von Groß und Klein geht. Der Bär ist so etwas wie ein idealer großer Bruder, der seinem kleinen Genossen immer und überall beisteht; dieser Vorsprung an Alter, Erfahrung und Verpflichtung ist aber nicht etwas, das die Beziehung (wie das bei Geschwistern so oft der Fall ist) belastet, sondern hier greift alles wunderbar ineinander – so wie wir uns das als Eltern auch von unseren Kindern erträumen: Der »kleine« Bär kann viel und tut viel, eben weil er der Größere ist, und weil er der Größere ist, ist er eben auch so gut dazu imstande, die Eskapaden des kleinen Tigers auszuhalten.

Dieser Unterschied zwischen dem kleinen Bären und dem kleinen Tiger erschließt sich übrigens durch die Bilder wesentlich plastischer als mit dem Text. Damit komme ich zu einem letzten Merkmal, das dieses Buch zu einem echten Hit unter den Kinderbüchern macht: Die Bilder sind wunderbar geeignet, sich in sie zu versenken, regelrechte Seh-Spaziergänge in ihnen zu veranstalten. Abgesehen davon, dass man Bär und Tiger näher kennenlernt, ist es möglich, ihren Weg mitzuverfolgen am Fluss entlang, in die Felder hinein – wo wohl mögen Hase und Igel ihr Zuhause haben? –, zum Baum des großen Überblicks, über den Fluss hinüber mit dem Floß, wieder zurück über die Brücke und zur Anlegestelle, an der sich der Kreis schließt. Wir können das Häuschen des Anfangs mit dem Häuschen vom Ende vergleichen – die Zwiebeln und der Rechen über der Eingangstür verschwunden, das Dach abgedeckt, fehlt etwa gar die Tür? Die Gießkanne vom kleinen Bären liegt kaputt im Gras – und doch, welch ein Strahlen liegt auf dem Gesicht des kleinen Bären, als er »das schönste Haus der Welt« im wunderbaren Panama entdeckt, vergleicht man es mit dem doch etwas verdrossenen Gesichtsausdruck, mit dem er zu Beginn das Grünzeug wässert, während der kleine Tiger sich in seinem Schaukelstuhl mopst. Wenn Sie als Vorleserin Ihren Zuhörern solche kleinen ersten Hinweise geben, werden diese sich sicher auch gern selbst auf die Suche nach den Geschichten machen, die noch in den Bildern versteckt sind. Je enger sich Kinder mit den kleinen Hauptpersonen selber anfreunden, desto leichter werden sie sicher auch in der Lage sein, einen kleinen Bruder oder eine kleine Schwester, die mal wieder die größte Portion von allem zusammen für sich ganz alleine fordert, mit der echten Nachsicht der Größeren und Klügeren aufzunehmen.

Ihnen als Mutter wünsche ich schließlich die Fähigkeit, den eingefahrenen Alltagswegen für ein paar Augenblicke den Rücken kehren zu können, um dann mit einem neuen Blick auf das Vertraute auch neue Perspektiven fürs alltägliche Durchhalten zu bekommen – Bücher, auch und gerade Kinderbücher, sind dafür mit am besten geeignet.

3 Trotzig, wütend, einsam …

»Norbert Nackendick«
von Michael Ende und Reinhard Michl

Ein Wirbelsturm fegt durchs Kinderzimmer, Spielzeugautos fliegen durch die Luft, die Dächer von Legohäusern werden abgedeckt, Bauklötze donnern gegen Zimmerwände. Sämtliche Mitbewohner – Freunde, Geschwister, Eltern – gehen in Deckung, wenn den fünfjährigen Otto der Zorn packt und er nur noch blindwütig um sich schlagen kann. Als Eltern wissen und sehen wir, wie einsam und verzweifelt sich der kleine Kerl fühlt, aber wir sehen auch, wie verheerend sich seine Wutausbrüche auf seine Spielkameraden auswirken, die nach einem, höchstens zwei solcher Ausbrüche einfach nichts mehr mit Otto zu tun haben wollen. Auch die älteren Geschwister verdrehen nur noch die Augen, wenn wir ihnen zum x-ten Mal zu vermitteln versuchen, wie arm ihr kleiner Bruder doch *eigentlich* dran ist, zu schweigen von den Jüngeren, die Otto entweder nachahmen oder eben auch einfach nicht mehr mit ihm zusammen in einem Raum bleiben wollen … Wie kann es uns als Eltern gelingen, einen solchen kleinen Wutnickel für sich selbst und für uns alle wieder zugänglicher zu machen?

In der akuten Tobe-Phase, das versteht sich von selbst,

ist da gar nichts zu wollen. Für unsere Erkundung von Kinderbüchern schlage ich stattdessen den indirekten Weg über Geschichten vor, einen Weg, wie er sich am besten als Abschluss des Nachmittags oder sogar des gesamten Tages anbietet.

Nun haben unsere Kinder häufig schon früh einen mit Aktivitäten voll gepackten Tagesablauf: Sie gehen in den Kindergarten, betätigen sich im Turnverein, im Fußball-Klub; die Freunde nehmen einen großen Platz ein, und dann gibt's auch noch die Lieblingssendung im Fernsehen, die auf keinen Fall verpasst werden darf ... So ein penibel eingeteilter Tagesablauf erscheint uns als Eltern, die wir selber ja auch nicht unterbeschäftigt sind, oft wie eine gusseiserne Konstruktion, in die sicherlich nicht noch eine zusätzliche Beschäftigung, und dann noch etwas so Antiquiertes wie Vorlesen, hineingezwängt werden kann. Aber wir wollen nicht etwas anderes verdrängen, sondern etwas hinzufügen, das sich auf alles andere – Spielen und Lernen, den Umgang mit den Freunden, vor allem aber das Zusammenleben von Eltern und Kindern – befruchtend auswirken kann.

Schauen wir uns also einmal so einen Tagesablauf an: Muss denn nach dem Fußballspiel wirklich gleich der Fernseher eingeschaltet werden? Wie wäre es, wenn wir uns stattdessen einfach zusammensetzen und eine halbe bis ganze Stunde mit Vorlesen verbringen? Schließlich ist es bei jüngeren Kindern sowieso ratsam, sie nicht allein am Gerät sitzen zu lassen, sondern bei ihnen zu sein, um ihre Fragen beantworten zu können – ersetzen wir doch einfach hin und wieder das Fernsehen durch eine Stunde Vorlesen.

Für meine Söhne und mich war die schönste Zeit, um in das Geschichten-Universum einzusteigen, die Zeit zwischen dem Zähneputzen und dem Gute-Nacht-Sagen: erstmal räumen alle Familienmitglieder ihre Arbeits- und Spielplätze einigermaßen auf, dann gehen die Kinder ins Bad, die Alltagskleidung wird gegen den Schlafanzug getauscht, und dann – ab nach Phantasien! Zu dieser Tages- oder Abendzeit, wo sich vielleicht sogar alle Familienmitglieder, mit eingeschlossen eventuelle Übernachtungsbesuche, zusammenfinden, kann das Glück des Vorlesens sich am schönsten entfalten und von hier aus auch zu einer mitwachsenden Gewohnheit werden.

Die Kinder sind also um Sie als Vorleserin herum versammelt, sei's auf dem Sofa im Wohnzimmer, sei's in einer kuscheligen Ecke im Kinderzimmer. Da der Tag schon zur Neige geht, sind sie schon ein wenig müde, der Bewegungsdrang ist ausgetobt, und da jetzt das Vorlesen im Zentrum steht, kann auch hinter die Rangeleien und Streitigkeiten dieses Tages ein Punkt gesetzt werden.

Wenn wir mehreren Kindern vorlesen und wissen oder spüren, dass ein Kind in den letzten Stunden beim Spielen den Kürzeren gezogen hat, dann können wir uns vielleicht, ohne größeres Aufheben davon zu machen, gerade das Außenseiter-Kind an die Seite holen: Vielleicht musste der kleine Bruder von seiner älteren Schwester den Nachmittag über immer wieder kleinere Sticheleien ertragen, vielleicht hat ihm ein Spielkamerad zum zehnten Mal genau das Auto weggeschnappt, das er auch grade haben wollte; wenn der Kleine dann zum Beispiel das Buch halten darf, aus dem wir vorlesen, dann ist damit schon ein erster Schritt zur einer Aufhellung seiner Stimmungslage getan.

Ob die praktischen Konsequenzen, die sich aus einer Geschichte möglicherweise ergeben, in einer Vorleserunde thematisiert werden oder nicht, kann nicht pauschal empfohlen oder abgelehnt werden. Im Vordergrund steht bei allen Beteiligten auf jeden Fall und grundsätzlich immer die Freude an den Geschichten: Lesen, Vorlesen und Zuhören sollen als lustvolle Betätigung erfahren werden können, nur so kann es zu einem lebenslang gern gepflegten Hobby werden, das auch »in starker Bedrängnis Trost und Hilfe spendet«, wie es Pu der Bär so unvergleichlich formuliert (vgl. S. 85). Das heißt natürlich nicht, dass die Fragen der Kinder nicht beantwortet werden; wenn sie gar selbst beginnen, sich oder Personen aus ihrer Umwelt in den Geschichten wiederzuerkennen, dann ist das natürlich eine produktive Ausgangssituation für Gespräche. Gerade wenn eine Geschichte wie die Fabel von Norbert Nackendick, meinem zweiten Vorschlags-Buch, mehrere grundverschiedene Typen vorführt, liegt es nahe, Parallelen zur eigenen sozialen Umwelt (Freunde, Kindergarten- oder Klassenkameraden etc.) zu sehen, aber das alles soll zwanglos geschehen und nicht – womöglich gar noch als eigentlicher »Zweck« der Unternehmung – auf das Vorlesen draufgesattelt werden.

Außerdem bin ich fest davon überzeugt: Wenn die Fähigkeit zur Wahrnehmung von Bildern und Geschichten erst einmal grundgelegt ist, wenn überhaupt mit den ersten Vorlese-Bilder-Büchern die Bereitschaft geweckt ist, sich auf fremde, unbekannte Erzählwelten einzulassen, dann entstehen bestimmte Probleme überhaupt erst gar nicht. Nehmen wir nur zum Beispiel die Geschichte von dem aggressiven, chronisch misstrauischen Nashorn Norbert Nackendick, eine nicht nur von Michael Ende genial erzählte, sondern auch von Reinhard Michl genial illustrierte Fabel. Wie spielt sich die Geschichte ab, was hat es mit diesem Norbert Nackendick auf sich? Die Antwort liegt unter einem kinderleicht zu öffnenden Buchdeckel, auf dem sogar ein Affe abgebildet ist, der uns einladend zuwinkt, mit unserem Spaziergang zu beginnen.

Norbert Nackendick, das Nashorn, ist der Schrecken seiner Umwelt. Er ist außerstande, mit den Tieren seines Lebensbereichs in einen sinnvollen Kontakt zu treten, weil er von ihnen nur das Schlimmste erwartet, ihnen mit einem Misstrauen begegnet, »das entschieden zu weit geht«, wie der Erzähler gleich einleitend feststellt. Gegen die vermeintliche Feindseligkeit der Umwelt schützt er sich durch sechs massive Panzerplatten rund um seinen Körper und durch zwei Hörner, »scharf und spitz wie Türkensäbel«.

Da er für die Tiere um ihn herum zu einer immer größeren Bedrohung wird – nicht einmal die Vögel können mehr singen, ohne dass Norbert ausrastet –, wird eine Konferenz einberufen, um gemeinsam herauszufinden, wie mit dieser akuten Bedrohung umgegangen werden kann. Jedes Tier schlägt verschiedene, durchaus nachvollziehbare, aber nicht immer durchführbare Lösungen des Problems vor. Erst die ängstliche Gazelle, die für Auswandern plädiert, vereint die Tiere zu gemeinsamem Handeln. Der Nachdruck, der ihrem Vorschlag fehlt, wird vom nun angreifenden Nashorn – Norbert hat von der

Konferenz Wind bekommen – selbst geliefert, und vor seinem Wutgebrüll gibt es keine Alternative zur Flucht. Selbst dem Löwen, der sich zunächst dem Fluchtgedanken leidenschaftlich widersetzte, bleibt schließlich, als nur noch er und seine Familie in der Nähe des Nashorns leben, nichts anderes übrig als der Umzug.

Jetzt hat Norbert also sein Ziel erreicht: Keiner mehr weit und breit, von dem er sich angegriffen fühlen müsste. Nur noch ein kleiner Vogel ist zurückgeblieben, der uns zwar auf dem Bild gleich zu Beginn der Geschichte schon begegnet ist, allerdings bisher nicht erwähnt wurde und bezeichnenderweise bei der Konferenz der Tiere nicht anwesend war: Er ist so etwas wie der Müllmann der Tiere, aufgrund seiner unfeinen Tätigkeit eine Randexistenz, was ihn aber offenbar kein bisschen stört: der Madenhacker Karlchen Klammerzeh, der von dem Ungeziefer lebt, das er den großen Tieren aus ihren Pelzen klaubt.

Die großen Tiere sind nun aber wegen Norbert alle ausgewandert, was Karlchen derart ärgert, dass er dem Nashorn, bevor auch er selbst aufbricht, noch eine Lektion in Sachen Siegen erteilt. Zum Sieger, so erklärt er Norbert, gehört ein Denkmal, das die Größe und Stärke des Siegers festhält. Da nun weder auch nur noch ein einziger Besiegter übrig ist, der ein solches Denkmal verfertigen könnte, noch Norbert selbst über die notwendigen handwerklichen Fertigkeiten verfügt, bleibt ihm nichts anderes übrig, als selber sein eigenes Denkmal zu *sein*. Mit herrlicher Unverfrorenheit und unter gnadenloser Ausnutzung von Norberts geistiger Beschränktheit bringt Karlchen das Nashorn so weit, dass es sich auf einen hohen Felsbrocken schleppt und sich – unter der peniblen Regie von Karlchen, versteht sich – in Siegerpositur wirft.

Als Karlchen den Koloss so weit gebracht hat, befiehlt er ihm schließlich: »Halt! Jetzt nicht mehr bewegen!« Und dann erklärt er dem reglosen Norbert, was es mit den Denkmälern und ihrer Beziehung zur Herrscherpersönlichkeit auf sich hat: Sie sind zwar die Orte, an denen sich die Bewunderung der Untergebenen am deutlichsten zu zeigen vermag, und das war ja der Grund, weshalb Norbert eins haben wollte – allerdings hat er leider dummerweise außer Acht gelassen, dass er alle, die ihn hätten bewundern sollen, vertrieben hat. Andererseits ist das Schicksal eines Denkmals unauflöslich mit dem Schicksal des Herrschers verknüpft: Wer das Denkmal stürzt, stürzt den Herrscher und umgekehrt.

Armer Norbert, spätestens hier fängt er doch an, einem Leid zu tun, oder? Da es Karlchen ohne Schwierigkeiten gelungen ist, Norbert die Einheit von Denkmal und Herrscher unterzujubeln, hat er nun natürlich das arme dicke Tier in eine höchst missliche Lage gebracht: Nur wenn das Nashorn sich nicht vom Fleck rührt, kann es seine Identität als Herrscher und Sieger aufrecht erhalten. Nachdem Karlchen den Dicken mit seiner Geschichte zu absoluter Unbeweglichkeit verurteilt hat, verlässt er ihn unter Hohngezwitscher.

Da steht Norbert nun also, in einer höchst unbequemen Haltung: Zwei seiner dicken Beine sind siegreich ausgestreckt, der sehr dicke, also sicher sehr schwere Kopf auf dem dicken Nacken hoch erhoben; zunächst noch kurze Zeit zufrieden darüber, ein derart imposantes Denkmal zu *haben*, doch im Lauf der Zeit zunehmend von den Auswirkungen geplagt, die es mit sich bringt, ein lebendiges, unbewegliches Denkmal zu *sein*. Die Lehre von Karlchen Klammerzeh über den notwendigen Zusammenhang zwischen der Unversehrtheit des Denkmals und des Dargestellten bringen Norbert in einen immer größeren Zwiespalt mit seinen vitalen Bedürfnissen, allen voran dem Hunger.

So steht er da, Tag für Tag, bei Wind und Wetter, sieht unverändert siegreich aus und leidet von Tag zu Tag verzweifeltere Qualen, bis er schließlich zusammenbricht. Wundersamerweise ist es aber »nur« der arme, leidende, hungernde, müde Norbert, der zusammenbricht; seine Hülle, der Panzer – bleibt stehen, und das kleine Häufchen Elend purzelt einfach unten heraus. Zunächst ist Norbert erleichtert, dass er essen und sich bewegen kann, ohne sein Denkmal gestürzt zu haben; und natürlich froh und neugierig, endlich sein Denkmal selbst sehen zu können. Als er es aber – von einem Blitz kurz und unheimlich erleuchtet – wirklich erblickt, jagt ihm der stehen gebliebene Panzer (»sein schlimmster Feind«!) einen derartigen Schrecken ein, dass er Hals über Kopf das Weite sucht.

Und die Tiere kehren zurück, weil das Denkmal des misstrauischen Nashorns offenbar hohl und also nicht mehr bedrohlich ist. Es bleibt stehen – »für alle kommenden Geschlechter zur Warnung«, wie es im letzten Satz der Geschichte heißt. Offenbar wirkt die Warnung des Denkmals, wie wir auf dem letzten Bild feststellen können – da sind alle Tiere wieder beisammen, jedes mit seinen Eigenheiten, zwar mit deutlichen Abständen (der scheuen Gazelle zum wilden Löwen vor allem), aber zumindest das Schlusstableau zeigt keine unüberwindlichen Gräben zwischen den Tieren.

Im letzten Bild des Buchs kann man schön ›spazierensehen‹; einerseits können wir die ganze Geschichte noch einmal gemeinsam Revue passieren lassen, aber wir können auch eine Brücke zur eigenen Situation schlagen, indem wir uns die einzelnen Tiergruppen genau anschauen und uns überlegen, wer uns aus dem Freundeskreis, dem Kindergarten, der Schule dazu einfällt: Der Einstieg gelingt einfach mit den Tierkindern (die kleinen Löwen und der kleine Elefant) und ihren Eltern (dem sehr patriarchalischen Vater Richard Rachenrau ganz vorn im Bild und der vornehmen, guten, langmütigen Mutter, der Elefantendame Aida Rüsselzart); dann schauen wir uns die anderen Tiere an: die vorsichtige Reserviertheit, mit der das Gazellenpärchen ganz am hinteren Rand steht – die turbulenten, respektlosen Affen, für die der ehemals so bedrohliche Panzer Norberts (erinnert euch und schaut, wie der Affe auf dem Fluchtbild ganz am Anfang davonhechtete!) zu einem perfekten Turn- und Klettergerüst geworden ist – das Warzenschwein Berthold Borstig, das sich Frechheiten von einem Affen nur gerade noch gefallen lässt, wenn auch schon mit sichtlichem Unmut – die Hyänen, offensichtlich auf Schwächen bei den anderen Tieren lauernd, was aber in der Konferenz ja auch durchaus seine nützliche Seite hatte, denn sie verfügen auf jeden Fall über genaue Beobachtungsgabe und einen schnellen Verstand – der kluge alte Marabu, der das Treiben durch seinen Zwicker aus sicherem Abstand von oben betrachtet – Karlchen Klammerzeh ist nun auch mitten drin tätig, er befreit offenbar gerade die Dame Aida von Ungeziefer und dreht dabei bezeichnenderweise den Betrachtern sein Hinterteil zu!

Vom Bild ausgehend ergibt sich vielleicht ein Gespräch darüber, wie sich die Kinder in ihrem Freundeskreis oder auch in ihrer Kindergartengruppe fühlen: Stehen sie eher am Rand? Oder können sie sich unbeschwert in der Mitte austoben? Ist ihnen die Zugehörigkeit zur Gruppe überhaupt wichtig oder genauso egal wie dem pfiffigen Einzelgänger Karlchen Klammerzeh? Sind sie gar so dominant wie der Löwenvater Richard, mit der Folge, dass schüchterne, leise Kinder sich gar nicht an sie herantrauen? Wir können uns also austauschen über das, was die Kinder aus ihrem Alltag mit den Gleichaltrigen oder auch innerhalb der Familie mitbringen und erzählen; aber auch über das, was sein könnte, was die Kinder sich wünschen: Mehr Durchsetzungsvermögen (ein wenig mehr Löwenmut für unsere kleine Gazelle)? Weniger Schadenfreude (etwas mehr Gleichmut und Abstand für schadenfrohe Hyänen)? Eine stabilere Verwurzelung (mehr Bodenhaftung für unseren zerstreuten, abgehobenen Professor)? Und schließlich: wer erzählt die Geschichte von Familie Zebra und Herrn und Frau Giraffe, die nicht nur im letzten Bild, sondern auch zuvor schon aufgetaucht sind, ohne dass der Erzähler etwas über sie zu sagen wusste? Hier können Phantasie-Überschüsse der kleinen Zuhörer, die sicherlich da sind, wenn das Vorlesen ein echtes Erlebnis war, ihren Platz finden, denn bestimmt hat jedes Kind auch seine eigene Vorstellung davon, wie mit so einem Wutnickel wie Norbert umgegangen werden sollte und wie es sein eigenes »Gruppengefühl« am passendsten formuliert. Dafür sind solche Leerstellen, wie sie die Geschichte mit den Bildern von Giraffe, Zebra oder auch den Affen lässt, ganz ideale Andockplätze.

Tja, und wenn unser kleiner Zuhörer oder – was ja auch nicht auszuschließen ist – unsere kleine Zuhörerin nun selbst so ein Wutnickel wie Norbert ist? Damit sich ein cholerisches Kind in dieser Geschichte wiedererkennen kann, genügt es sicher nicht, sie einfach ein- oder auch mehrmals abends vorzulesen. Eigentlich, bei aller Skurrilität, hat der Marabu Professor Schlammbohrer Recht: Es kommt darauf an, gütig mit unserem Zornickel zu reden, um ihm zu vermitteln, dass er mit seinem Verhalten nicht nur andere, sondern vor allem sich selbst unglücklich macht. Dass sich ein alter klappriger Marabu wie Professor Schlammbohrer einem tobenden Nashorn nicht verständlich machen kann und will, das ist natürlich nachvollziehbar. Sie als Mutter dagegen, die sich in die Not und Einsamkeit Ihres cholerischen Sprösslings einfühlen können, haben sicher ein Gespür für Augenblicke, in denen er ansprechbar ist, in denen sich die Wogen ein wenig geglättet haben und die Streitigkeiten mit Gleichaltrigen beigelegt oder zumindest in den Hintergrund getreten sind. Nutzen Sie solche friedlichen Momente der Aufgeschlossenheit, um gemeinsam in diese Geschichte einzutreten, wobei es sich natürlich empfiehlt, keine weiteren Kinder als Zuhörer mit dabei zu haben, die sonst möglicherweise als Opfer die Fronten zwischen sich und dem Wutnickel nur neu verstärken.

Nehmen wir also an, Sie haben neben sich einen kleinen Nackendick mit offenen Ohren und offenen Augen – gelingt es ihm, sich in Norbert wiederzuerkennen? Er hat sich die Geschichte angehört und die Bilder angeschaut. Fangen wir an bei den Bildern vom Denkmal: Kennt er dieses Gefühl der Macht, wenn er über alle anderen triumphiert, indem er sie mit seinem geballten Zorn in die Flucht geschlagen hat? Und nun soll er sich doch einmal vorstellen, wie das wäre, wenn dieses Gefühl von Genugtuung und Überlegenheit nicht nur (wie im richtigen Leben) einige wenige Augenblicke lang anhält, sondern über Tage und Wochen hinweg, weil die anderen, die »feige, hinterhältige Bande«, nicht nur für den Moment, sondern für immer vertrieben sind? Nichts mehr da als nur noch das Gefühl, der Stärkste zu sein – kannst du dir das vorstellen? Die anderen alle weg, weil sie es in deiner Nähe nicht aushalten – ist es wirklich das, was du willst?

Und dann sollten wir ganz konkret das Thema »Anschauen« ins Spiel bringen: Was meinst du, was Norbert sieht, wenn er da oben steht? Offenbar wenig – er hat selber gesagt, dass er kurzsichtig ist; und nun schau mal auf den andern Bildern: Wohin guckt Norbert da? Auf dem ersten Bild im Buch schaut er hinter Karlchen her, aber dann? Sieht er den Frosch auf dem zweiten Bild? Sieht er die vielen Tiere, hinter denen er auf dem dritten Bild herrast? Kann er Karlchen sehen, als der vom Denkmal Norbert wegfliegt? Nun, wahrscheinlich – Ausprobieren beweist es – sieht Norbert nur sehr, sehr wenig von seiner Umwelt, wenn er sie mit diesen Schiel-Augen anschaut. Der Mittelpunkt seiner Welt, das Zentrum seiner Wahrnehmung ist vielmehr die Spitze seines Horns, er schaut praktisch auf nichts anderes als auf seine Waffe und den Schrecken, den er damit hervorrufen kann. Dass ihm die Leute um ihn herum dann nur noch wie eine einzige bedrohliche Masse erscheinen, ist ja dann kein Wunder. Er kennt sie ja überhaupt nicht, er weiß gar nicht, welch unterschiedliche Wesen zu dieser »Bande« gehören!

Dabei gäbe es da interessante Entdeckungen zu machen, nicht nur auf dem Schlussbild, sondern auch in der Mitte des Buchs, wo die Tiere miteinander über ihr Problem mit dem rasenden Nashorn beraten: Da wird ja deutlich, dass es sich um eine sehr vielfältige Gruppe handelt aus Starken und Schwachen, aus Klugen und Dummen, mit deutlich verteilten Sympathien und Antipathien: Der Löwe, der aufgrund seiner Stärke das Sagen, aber nicht unbedingt die blendenden Einfälle hat; die weise Elefantendame Aida Rüsselzart, moralisch vollkommen integer, aber ratlos auch sie; das Haudegen-Warzenschwein Berthold Borstig, die ebenso unerfreuliche wie scharfsichtige Hyäne Gretchen Grausig, der selbstverliebte Wissenschaftler-Marabu Professor Eusebius Schlammbohrer, das kleine hyperaktive Erdhörnchen mit dem Tunnelblick Herkules Hupf, und schließlich die ängstliche, zarte Gazelle Dolores Immerscheu, die den entscheidenden Impuls gibt: Nichts wie weg hier! Die verschiedenen Tiere unter sich sind also durchaus unterschiedlicher Meinung, nur Norberts blinde Wut vereint sie zu einer großen Gruppe, die nur noch ein Ziel kennt: dem Wirkungskreis dieser Aggressivität zu entkommen.

Es ist ein aufschlussreiches Vorstellungsspiel, sich mit einem Kind, dem die Einsamkeit des Wutnickels nicht ganz unbekannt ist, dieses Bild anzuschauen und aus der Physiognomie der Tiere und dem, was wir aus der Geschichte über sie erfahren, Parallelen zur sozialen Umwelt des Kindes zu finden: Kennst du jemanden, der so hämisch ist wie Gretchen – so ängstlich wie Dolores – so besserwisserisch wie Eusebius – so ein Haudrauf wie Berthold Borstig?

Nicht die unwichtigste Beobachtung bei einem solchen Gedankenspiel ist, dass es ja innerhalb der Gruppe in der Figur des Warzenschweins Berthold Borstig sogar ein Tier gibt, das eine recht große Nähe zu Norbert Nackendick hat: Auch Berthold ist ein echter Brocken von einem Tier, seine beiden Hauer erinnern entfernt an die Hörner Norberts, er hat ähnliche Tütenöhrchen wie Norbert, vor allem aber tendiert auch er zu einer Entrüstung, die entschieden asoziale Züge annehmen kann, doch immerhin ist er bereit, sich von anderen Tieren zurechtweisen zu lassen. Da kann man dann phantasieren, wie es denn zum Beispiel wäre, wenn Norbert und Berthold sich zusammentäten, um ihre Riesenkräfte in friedlichem Wettbewerb auszuleben, statt andere damit zu terrorisieren.

Aber all das soll sich, wie gesagt, zwanglos ergeben. Um abschließend noch einmal das Heitere und Belustigende, den hohen Vergnügungswert dieses Buches herauszustreichen, empfehle ich, es zum nächsten Zoobesuch mitzunehmen – auch und gerade, wenn das Buch schon bekannt ist – und sich von der Geschichte zu den einzelnen Tieren führen zu lassen. Das wird mit Sicherheit ein unvergesslicher Literatur-Spaß: die Geschichte gibt einen anregenden Leitfaden für unsere Besichtigungstour ab, und die Beobachtungen an den Zootieren befruchten und erweitern wiederum die Beschäftigung mit der Geschichte im Buch. Gleich nächsten Sonntag ausprobieren!

4 Freund sein und Freunde haben

»Irgendwie Anders«
von Kathryn Cave und Chris Riddell

Abgelehnt werden …

Wieder einmal ein Kindergartenvormittag vorüber. Sie stehen im Hof mit anderen Müttern und warten auf Ihren Sohn, Ihre Tochter. Da fliegt die Tür auf, die ersten kommen herausgestürmt, glühend vor Begeisterung, mit Dingen oder Bildern in den Händen, die sie gebastelt oder gemalt haben; stolz stürmen sie auf ihre Erwachsenen zu, viele auch mit Freund oder Freundin im Gefolge – darf die Julia heut zu mir kommen? Können wir uns auf dem Spielplatz treffen? Kann ich nach dem Essen Jannik besuchen? – ein quirlig-buntes Durcheinander, das langsam abnimmt, weil alle sich aufs Mittagessen freuen und schnell heimwärts eilen.

Und da, und wieder als Letzter, damit er die freudige Geselligkeit nicht allzu hautnah mitbekommen muss, traurig und allein, kommt unser eigener Sprössling. Wie viel mehr hat *er* doch geleistet als all die kleinen, unkomplizierten Strahlemännlein und -weiblein: er hat es stundenlang ausgehalten in einer Gruppe von Gleichaltrigen, die ihn nicht arg mögen oder womöglich gar ablehnen; er hat sich mit Puzzles beschäftigt oder mit solistischen Baustein-Kunstwerken; wenn er Glück hat (was alles andere als selbstverständlich ist), hat er eine Kindergärtnerin, vielleicht auch eine Praktikantin mit einer gewissen Sensibilität für seine Außenseiterposition. Aber so wirklich mit begeistertem Feuereifer wird er wohl nie bei den größeren Gruppenunternehmungen mitmachen können.

Ein solcher kleiner Sonderling hat es schwer, mit sich und den anderen; auch für uns als Eltern ist das natürlich eine nicht immer ganz leichte Aufgabe. Denn was so einem eigenwilligen Kind, das nur mit Mühe Anschluss an andere findet, ja auch zu schaffen macht, das ist das Fehlen von festen Freunden: Außer dem vielfach ungeliebten Kindergarten und dem Elternhaus hat es oft keine weiteren Bezugsgruppen. Damit fällt auch der angenehme Wechsel, die willkommene Abwechslung zwischen dem eigenen privaten Raum und dem Heim der besten Freundin, des besten Freundes weg.

Wenn nun Ihr Kind keine Kumpelgruppe, keinen Freund, keine Freundin hat, bei der es einfach und unbeschwert es selbst sein kann, dann betreten Sie mit ihm oder ihr zusammen doch einmal das Buch »Irgendwie Anders« von Kathryn Cave und Chris Riddell. Es handelt von einem Wesen, das genau so heißt: Irgendwie Anders. Der ist tatsächlich ein merkwürdiger kleiner Kerl, das sehen wir schon auf dem Titelbild: ein blaues Fell, dünne Arme und Beine, große Pfoten und ein riesiger runder, glatter Kopf mit abstehenden Öhrchen, einer dicken, glänzenden Knubbelnase und großen Augen, die den Betrachter voller Erwartung und Hoffnung, aber auch nicht ohne ein Quäntchen Angst, anschauen.

Dieser kleine Kerl lebt »ganz allein und ohne einen einzigen Freund« auf einem hohen Berg. Es gibt zwar eine ganze Menge Tiere, die in seiner Nachbarschaft wohnen und mit denen Irgendwie Anders in Kontakt zu kommen versucht, doch seine Annäherungsversuche werden immer wieder mit dem einen dumpfen Argument abgeschmettert: Du bist nicht wie wir. Du gehörst nicht hierher. Du bist irgendwie anders.

Diese immer wiederholte Zurückweisung macht ihn zu dem, was er ist: Irgendwie Anders. Keines der anderen Tiere interessiert sich für das, was Irgendwie Anders selbst mitbringt, was er kann, was ihn interessiert, was er sich wünscht, wonach er sich sehnt – er ist anders als die Angehörigen der maßgeblichen Gruppe, und das reicht aus, dass alle ihn ablehnen.

Vielen Kindern macht genau das zu schaffen: Sie strampeln sich in jeder nur erdenklichen Weise ab, um in einer Gruppe von Gleichaltrigen Anerkennung zu finden, und ernten immer wieder nur Ablehnung und Unverständnis; sie bekommen in der Gruppe, nach der sie sich sehnen, einfach keinen Fuß auf den Boden. Für die Eltern wie für die betroffenen Kinder ist das gleichermaßen schlimm. Die Isolation Ihres Sohnes oder Ihrer Tochter macht es Ihnen sicher nicht leicht, den regelmäßigen Besuch des Kindergartens oder der Schule tagtäglich zu vertreten. Dem Kind fällt der tägliche Besuch des Kindergartens oder der Schule nur noch schwer, und auch für Sie als Eltern stellt sich täglich neu die Frage, ob Ihrem Kind damit wirklich gedient ist. Es kann ja nicht einfach weggehen wie Irgendwie Anders in der Geschichte, der es nach mehreren erfolglosen Versuchen, bei den anderen Tieren anzukommen, offenbar aufgegeben hat und sich tieftraurig in sein einsames Häuslein auf der Spitze des Berges zurückzieht. Ganz allein lebt er da, seine Eltern (die natürlich genau so »irgendwie anders« sind wie er selbst) sind nur noch als Bild über seinem Bett anwesend …

Plötzlich aber klopft es an der Tür, ein kurioses Wesen mit orangerotem Fell, einem kleinen Rüssel im Gesicht und flossenförmigen Pfoten begehrt Einlass – lächelnd, tänzelnd tritt es ein in den Wohnraum von Irgendwie Anders, der völlig perplex und befremdet weiterhin seine Tür aufhält, damit der exotische Neuankömmling auch nur ja gleich wieder verschwindet – und nun behauptet der auch noch, er sei genau wie Irgendwie Anders! Den (ja nun tatsächlich recht komplexen) Hinweis, dass er und Irgendwie Anders sich darin ähnlich seien, dass sie *beide* irgendwie anders sind, kapiert Irgendwie Anders zunächst überhaupt nicht. Er bleibt bei seinem Befremden, seiner Empörung, seiner Ablehnung und schickt voller Grimm den kleinen nächtlichen Besucher wieder hinaus in die Nacht. Erst als es beinahe zu spät und der Andere tieftraurig schon fast wieder in der Nacht verschwunden ist, sieht Irgendwie Anders auf einmal seine Ähnlichkeit mit dem Etwas: Abgelehnt zu werden aufgrund seiner Andersartigkeit; die Traurigkeit darüber, nicht als der angenommen zu werden, der man ist – Irgendwie Anders erkennt, dass er genau das getan hat, was ihn immer so tief verletzt hatte, genau das, was die anderen Tiere ihm angetan hatten: jemanden wegschicken, weil er anders ist. In Windeseile rennt er hinter dem fremden Wesen her und zieht es zurück in sein Haus.

Aus dieser Nähe heraus entsteht nun in unserer Geschichte eine wunderbare Freundschaft, die beiden verbringen ihre Zeit miteinander, malen, spielen und essen zusammen: »Sie waren verschieden, aber sie vertrugen sich.« Und weil diese kleine Gruppe nun nicht nur (wie die anderen Gruppen vom Anfang der Geschichte) auf Ähnlichkeit, sondern ebensosehr auf Verschiedenheit gegründet ist, braucht sie keinen mehr mit dem Argument: »Du bist nicht wie wir!« ablehnen, sondern kann selbst die merkwürdigsten Wesen noch in ihre Mitte nehmen (wobei die Merkwürdigkeit des Dritten im Bunde am Ende der Geschichte ein ganz besonders hübscher und überraschender und kluger Einfall der Autorin ist, der hier aber nicht verraten werden soll.)

Wie können wir einem Kind, das am Rand steht, das ein Außenseiter-Dasein führen muss, mit dieser Geschichte helfen? Schauen wir doch einmal genau hin: welche Gefühle sehen wir im Gesicht und in der Haltung von Irgendwie Anders? Die Selbstzweifel und die Niedergeschlagenheit vor dem Spiegel – die hoffnungsvolle Vorfreude auf dem Weg zu den andern – vielleicht klappt es ja diesmal? –, aber dann die geballte Ablehnung der Gruppe; da können wir den Ausdruck auf dem Gesicht von Irgendwie Anders nicht sehen, weil er mit dem Rücken zu uns steht, aber wenn man in die ablehnenden Gesichter der großen Gruppe schaut, kann man sich unschwer ausmalen, wie es in ihm drin aussieht: Wieder gescheitert! Wo er sich doch jedesmal, wie die folgenden Seiten zeigen, so wahnsinnig viel Mühe gibt, um die anderen dazu zu bewegen, ihn dazugehören zu lassen! Die Traurigkeit und Mutlosigkeit, die aus dieser fortwährenden Ablehnung entstehen, können wir nun natürlich nicht einfach mit dem Hinweis abtun: Schau mal, wie du dich verbiegen musst, und die lassen dich doch nicht rein, das lohnt sich doch nicht, pfeif auf die! Selbst wenn Ihrem Kind das vor dem Hintergrund unserer Geschichte einleuchten sollte, ist damit seine Einsamkeit ja nicht behoben. Spüren wir uns also in diese Einsamkeit hinein, in die Traurigkeit, die sie für unser Kind mit sich bringt.

Da muss sich nun aber doch die Frage stellen: Wäre ihm denn wirklich geholfen, wenn es zur Gruppe gehören dürfte? Die eigene Stellung im Großen und Ganzen der Kindergartengruppe oder der Klasse wäre vielleicht in einem gewissen Ausmaß gestärkt, aber ist es letztlich das, worauf es dem Kind ankommt? Geht es nicht vielmehr darum, jemanden zu finden, der zu einem passt, mit dem es zusammensein kann, Zeit verbringen, sich wohlfühlen kann – was ja etwas anderes ist als eine simple Gruppenzugehörigkeit? Wir sollten also unser Kind auf jeden Fall fragen, warum es in die Gruppe hineinmöchte, die es so ablehnt – und dann mit ihm zusammen und in der Geschichte sehen, wie viel wichtiger und erfüllender als bloße Gruppenzugehörigkeit eine wirklich gute Freundschaft sein kann. Und das ist doch auch letztlich das, was für die kindliche Entwicklung wirklich zählt: nicht, dass es ein guter Mitläufer wird, sondern dass es ein Gespür dafür entwickelt, wen es mögen kann, wer zu ihm passt, wer ihm ein wirklicher Freund, eine echte Freundin sein könnte.

Es wäre also zu wünschen, dass unser ganz besonderer Sohn, unsere ganz besondere Tochter die Zugehörigkeit zur Gruppe nicht mehr als so schrecklich wichtig ansieht, sondern sich vielmehr nach einzelnen Kindern umschaut, an die es gewissermaßen »andocken« kann. Wir können unseren kleinen irgendwie anderen, ganz besonderen Sprössling mit Hilfe der Geschichte auf dieses Thema ansprechen; außerdem wäre es sicher hilfreich, wenn wir als Eltern uns selbst einen gewissen Eindruck von der konkreten Gruppensituation machen, in der sich unser Kind befindet (was im übrigen immer hilfreich ist, auch wenn unser Kind keine größeren Integrationsschwierigkeiten hat). Einen Eindruck gewinnen können wir am besten, wenn wir an den gemeinsamen Unternehmungen teilnehmen, die vom Kindergarten oder von der Schule angeboten werden: Sommerfeste, Ausflüge, gemeinsame Mahlzeiten. Wenn wir also die Gelegenheiten nutzen, die die Kindergarten-Gruppe oder die Klasse für die Teilnahme der Eltern bietet, dann können wir das am besten tun, indem wir beobachten; nicht allzu dominant auftreten (was vielen Kindern sowieso eher peinlich ist), sondern – am besten mit der Geschichte von Irgendwie Anders im Hinterkopf – einfach mal den Kinderhaufen um uns herum daraufhin anschauen, ob da nicht ein Etwas herumwuselt, das mit unserem kleinen Irgendwie Anders zusammen die Ablehnung durch die tonangebende Großgruppe leichter erträglich und vielleicht sogar letztendlich ganz gleichgültig werden lässt.

... und Ablehnen

Wir sollten jedoch auch einmal die andere Perspektive einnehmen, denn schließlich gibt es nicht nur Kinder, die unter dem Ausgeschlossensein leiden, sondern durchaus auch Kinder, die das Ausschließen anderer aktiv betreiben, unterstützen oder eben einfach geschehen lassen. Dies mag uns als Eltern nicht so problematisch vorkommen – schließlich leidet das Kind, das in eine Gruppe integriert ist, nicht, auf jeden Fall nicht so sehr wie ein ausgegrenztes Kind; das Problem, am Rand zu stehen, kommt in seiner Wirklichkeit nicht vor. Aufgrund des fehlenden Leidensdrucks gibt es daher auch keinen so unmittelbaren Handlungsbedarf. Dennoch sollten wir als Eltern, falls wir bemerken oder erfahren, dass unser Sprössling im Verein mit seinen Kameraden andere ausgrenzt, dieses Verhalten mit Hilfe unserer Geschichte durchaus einmal kritisch betrachten und durchspielen:

Wie geht ihr, du und deine Freunde, mit andern Kindern um, mit Kindern, die Anschluss suchen, mit Kindern, die sich nicht absolut reibungslos in euer Gruppengefüge eingliedern können, mit Kindern, die ihr komisch, anders, ungewöhnlich … findet? Seid ihr bereit, euch auf andere Gewohnheiten, anderes Aussehen, andere Ansichten einzulassen, dem andern eine Chance zu geben, oder darf nur der und die bei euch mitmachen, die sich den Gruppenregeln bedingungslos anpassen?

Schauen wir uns doch einmal gemeinsam die Bilder an, die die Gruppe zeigen, von der Irgendwie Anders ausgegrenzt wird. Was sie verbindet, ist eigentlich wenig mehr als die Ablehnung des Fremden. Wir sehen (mit den Augen von Irgendwie Anders) eine Gruppe recht unterschiedlicher Wesen: Da sind drei Giraffen, es gibt fünf große, marabuartige Stelzvögel, ein Grüppchen langohriger weißer Hasen, und schließlich vier hamsterähnliche

Tiere. Jede dieser Familien hat jeweils einen, der den Ton angibt, und immer auch einen Kleinsten, dem offenbar schon von Geburt an die Skepsis gegenüber dem Fremden antrainiert wird. Alle – die jeweiligen Gruppenoberhäupter am demonstrativsten, mit jeweils unterschiedlich ausgeprägtem Gesichtsausdruck von Gefolgschaft und Nachahmung bei den Anhängern – lehnen Irgendwie Anders ab. Alle starren mit größtem Befremden (bei völliger Abwesenheit von Neugier) auf den armen kleinen Wicht, ohne dass sie nun eigentlich wüssten oder sich auch nur dafür interessieren, was denn das für einer ist, der da ihre Gesellschaft sucht.

Und nun lassen wir unser Kind, das normalerweise selbst zu solch einer mächtigen Gruppe gehört, doch einmal spüren, wie es einem wohl gehen mag, wenn man auf der anderen Seite steht, wenn man zwar reinwill, aber nicht darf; das geht ja mit dem Bild auf der vierten Seite, wo der eine Kleine vor den vielen teilweise richtig Großen steht, sehr gut. Da steht Irgendwie Anders allein und ist konfrontiert mit der geballten, einhelligen Abwehr durch eine 16-köpfige Gruppe – ist es da ein Wunder, wenn er sich auch selbst beim Blick in den Spiegel nur mit tiefstem Misstrauen beäugen kann, wie das Bild auf der Seite zuvor zeigt? Denn wie können sich so viele in ihrer Meinung über ihn irren?

Dabei – schaut man sich die Gruppe genauer an (und da sollten wir auch bei unserem Sohn, unserer Tochter nachfragen, wenn sie ebenfalls zu einer dominanten, andere ausgrenzenden Gemeinschaft gehört), muss man feststellen, dass es eigentlich wenig mehr als schlicht das Dazugehören ist, was diese Gruppe zusammenhält: das

Dazugehören und, untrennbar damit verbunden, die Ablehnung des Fremden. Eine weitere ausgemalte und erzählte Gemeinsamkeit weist auf das Absurde ihres Gruppengeistes hin: Alle bringen ihr Essen in einer Papiertüte mit! Die braunen Papiertüten mit gezacktem Rand, in dem alle ihr Picknick transportieren, zeigen, wie albern und grotesk viele Gruppenrituale sind. Denn natürlich hat jede einzelne Untergruppe, jede Tierfamilie etwas anderes, ihrem Wesen und ihren Bedürfnissen Entsprechendes in den Tüten eingepackt, aber um zur Gruppe zu gehören, muss es, egal was es ist, in eine braune Papiertüte mit gezacktem Rand gepackt werden!

Wir begegnen hier also gleich zwei problematischen Aspekten von bestehenden sozialen Gruppierungen: Einerseits grenzen sie alles aus, was sich von der eigenen Verfassung, den eigenen Gesetzmäßigkeiten unterscheidet; andererseits verlangen sie von den einzelnen Mitgliedern auch ein mehr oder weniger gehöriges Ausmaß an Anpassung und Selbstverleugnung, und falls dies nicht geleistet wird, droht der Ausschluss aus der Gruppe. Kinder, die einfach »nur« sozial angepasste, unauffällige Mitläufer in solch einer Gruppe sind, können mit Hilfe der Geschichte auf die negativen Seiten des Gruppendaseins hingewiesen werden: Stimmen die eigenen Bedürfnisse im Hinblick auf Kleidung, Ausdrucksweise, Freizeitgestaltung tatsächlich so ganz mit den Vorgaben der Gruppe überein? Gerade bei kleineren Kindern, die zum Beispiel neu in den Kindergarten kommen, ist es nach meiner Erfahrung immer wieder mal wichtig, auch von Elternseite – eventuell in Kooperation mit der Erzieherin – zu überlegen, ob mein Kind in seiner neuen

Umgebung dies oder jenes tut, weil es seinem eigenen Bedürfnis entspringt, oder nur, weil es Angst vor Ausgrenzung hat.

Dabei kann es selbstverständlich nicht darum gehen, dem Kind die Zugehörigkeit zu einer Gruppe, die ja natürlich durchaus auch ihre Vorteile hat, zu vergrämen. Wichtig ist vielmehr, in der Gruppendynamik auch ein Moment von Fremdheit zuzulassen, das heißt die Gruppe in einem gewissen Zustand der Offenheit zu halten – schließlich würde die Gruppe in unserer Geschichte sicherlich nicht dadurch gesprengt, dass sie Irgendwie Anders in ihre Reihen aufnähme.

Für die Aufmerksamkeit gegenüber dem Anderen, Fremden bietet natürlich das Freundschaftsgrüppchen, das sich aus der Begegnung von Irgendwie Anders mit dem aus der Nacht aufgetauchten Etwas entwickelt, wesentlich günstigere Voraussetzungen: Da stand am Anfang zwar auch das Befremden, die instinktive Ablehnung des Anderen durch Irgendwie Anders, aber ganz schnell war, nachdem Irgendwie Anders die Traurigkeit des Neuankömmlings wahrgenommen hat, eben auch die Brücke der Gemeinsamkeit zwischen den beiden gebaut. Und weil von Anfang an beides da war: Verschiedenheit *und* Ähnlichkeit, kann dann auch eine ebenso spannende wie erfüllende, auf jeden Fall originelle Freundschaft entstehen, in der jeder seine Interessen verfolgen und seine Eigenart ausleben kann ohne die Angst, von den anderen mit Ausgrenzung bestraft zu werden. Über die märchenhafte Offenheit dieser Gruppe erfährt man auf den letzten beiden Seiten des Buches: »Und wenn einmal jemand an die Tür klopfte, der wirklich sehr merkwürdig aussah, dann sagten sie nicht: ›Du bist nicht wie wir‹ oder ›Du gehörst nicht dazu‹. Sie rückten einfach ein bisschen zusammen.«

Wenn wir »Irgendwie Anders« einem Kind vorlesen, das darunter leidet, immer am Rand zu stehen, dann sollten wir auch unbedingt »ein bisschen zusammenrücken«: Wir sollten unseren kleinen Zuhörer beim Vorlesen Nähe wirklich spüren lassen. Denn nicht nur über die Geschichte können wir ihm in seiner Einsamkeit beistehen, sondern auch, indem wir ihn beim Entdecken dieses Bilderbuchs so richtig in den Arm nehmen. Meine Freundin Nicola wurde für ihre kleine Tochter Hanna zu einer Art Lehnstuhl: Sie setzte sie vor sich aufs Sofa, und Hanna konnte sich an ihre Mutter anlehnen, ihre Arme auf den Armen der Mutter, vor sich das von Mama gehaltene Bilderbuch, das sie aber vielleicht auch selbst hielt (und selbstverständlich bei den bekannten Büchern auch bald wusste, wann umzublättern war). Vorleser und Zuhörer können in dieser oder ähnlichen Haltungen auch die körperliche Nähe genießen, die durch das Vorlesen entsteht. Gelegenheiten dazu bieten sich genug: abends vor dem Gute-Nacht-Sagen, oder sonntagmorgens, noch vor dem Aufstehen, oder im Garten unter unserem Lieblingsbaum – es gibt unendlich viele Möglichkeiten. Später lernen wir noch das schöne Bild kennen, dass man in den bekannten Geschichten ein Nest bauen kann, dass Geschichten also regelrecht bewohnbar sind und uns eine Heimat, einen Schutz bieten können vor den Zumutungen des Alltags – leicht nachvollziehbar für alle, die schon in frühen Jahren die Behaglichkeit des Vorlesens so unmittelbar körperlich erleben konnten.

Wenn wir dieses Bilderbuch mit unserem Kind oder auch mit mehreren Kindern zusammen angeschaut haben, dann empfiehlt es sich, über das zu plaudern, was alle gemeinsam angeschaut und -gehört haben. Etwas von der Geschichte schwingt noch nach, und deswegen soll das Buch nicht einfach zugeklappt, die Erzählgemeinschaft nicht gleich beendet werden. Im Austausch über das Buch können wir die Dynamik der Geschichte nutzen, auf der Welle des Erzählten bleiben und so eine Brücke herstellen zwischen der Geschichte von Irgendwie Anders und der Realität von denen, die das Buch vorlesen, anhören und anschauen.

Gertrud Kolmar hat das in ihrem Kindheits-Gedicht »Spaziergang« formuliert als ein »Beraten, was wir miteinander angesehn«: Wir lassen noch einmal Revue passieren, was geschehen ist, wie es uns in der Geschichte erging und woran sie uns erinnert – natürlich soll jetzt vor allem unsere kleine Zuhörerin oder unser kleiner Zuhörer zu Wort kommen. In solchen beiläufigen Gesprächen wird die Geschichte von Irgendwie Anders mit der Realität von denen verknüpft, die das Buch lesen, hören und sehen: Der Bogen zum Beispiel von der im Buch dargestellten Erfahrung von Fremdheit und Ausgrenzung, die uns in den Bildern immer wieder ganz prägnant als kohlpechrabenschwarze Nacht überfällt, zu den Erfahrungen von Ausgrenzung, Traurigkeit und Ratlosigkeit im Alltag der Kinder; die Verbindung zwischen der Skurrilität der Figuren in der Geschichte und dem alltäglichen Befremden, das durch Menschen ausgelöst wird, die nicht ganz genau unseren Erwartungen entsprechen.

Um Kinder zum Lesen zu bewegen, sind diese nachträglichen Annäherungen von Geschichten und eigenen Alltagssituationen mindestens genauso bedeutsam wie das Bereitstellen von Büchern und das Vorlesen von Geschichten: Gemeinsam noch einmal in lebendigem Austausch durch ein gerade vorgelesenes Buch zu spazieren ermöglicht die Erfahrung, sich selbst in den Geschichten wiederzufinden. Wer schon früh die Erfahrung dieser Nähe gemacht hat, der wird auch später, wenn dann das eigene Lesen beginnt, keine Anstrengungen scheuen wollen, immer wieder über diese Brücke zwischen gelesenen Geschichten und eigenen Erfahrungen zu gehen.

5 Auf den Tisch hauen mit Pettersson

»Armer Pettersson« von Sven Nordqvist

Die Pettersson-Bücher sind, abgesehen von ihrem reinen Unterhaltungswert, goldene Bücher für Mütter oder Väter, die mit ihrem Kind allein sind: Vielleicht ist Vater oder Mutter ein paar Tage oder Wochen verreist, auf einer Kur oder aus anderen Gründen für längere Zeit abwesend; oder aber Sie haben sich entschieden, dass ein Leben ohne Partner für alle Beteiligten nützlicher und erfreulicher ist, haben sich also von Ihrem Partner getrennt – was auch immer die Gründe sein mögen: bei dem Buch, das wir jetzt anschauen wollen, geht es um die Lebensform, in der ein Großer und ein Kleiner miteinander auskommen wollen und sollen, das ist der Rahmen für alle Geschichten um Pettersson und seinen kleinen Kater Findus.

Pettersson und Findus nämlich leben freiwillig und gern ganz allein zu zweit auf einem kleinen Bauernhof irgendwo auf dem Land. Wir bekommen hier im Großen und Ganzen einen Alltag beschrieben, dessen Probleme sicher nicht daher kommen, dass Findus keine Freunde hat, mit denen er spielen kann, oder gar – welch kuriose Vorstellung für alle, die die Pettersson-Reihe kennen! –, dass dem alten Pettersson eine Frau fehlt: Grundsätzlich wird dieses geteilte Alleinsein nicht in Frage gestellt, sondern als skurril-liebenswürdige, meistens hervorragend funktionierende Wohngemeinschaft vorgeführt. Doch natürlich gibt es auch in diesem besonderen Alltag immer wieder Probleme, die den beiden Freunden zu schaffen machen.

In dem Buch, das ich hier vorstellen möchte, läge die Versuchung besonders nahe zu sagen, dass eben die Sozialform der Konstellation Pettersson-Findus schuld ist an den Problemen des »Armen Pettersson« – er hat an einem Tag im Herbst einfach grässlich schlechte Laune, zu nichts Lust, keine Energie, um irgendetwas anzupacken – und den Problemen von seinem Kater Findus, der von der Griesgrämigkeit des Alten genervt ist, daher den Alten nervt und so dessen Griesgrämigkeit zum Ingrimm und schließlich zum offenen Wutausbruch steigert.

Wenn Pettersson irgendjemanden hätte außer einem nervtötenden kleinen Kater, jemanden, der ihm zuhören könnte, der still und mit offenen Ohren neben ihm säße und sein Leid teilte – aber nein, diese wohlfeilen psychohygienischen Ratschläge bleiben hier unangewandt. Das Buch beginnt vielmehr knallhart – das können sicher alle bestätigen, die schon einmal in herbstlicher Depression über ihrem Frühstückskaffee erstarrt sind, während um sie herum ein kleines Wesen herumflitzt, das vor lauter Bewegungsdrang gar nicht weiß, wohin mit sich – mit einem entsetzlich mies gelaunten Pettersson und einem entsetzlich aufgekratzten Findus, der um den armen Alten herumwirbelt wie ein Tornado und darauf besteht, dass Pettersson jetzt sofort und auf der Stelle mit ihm spielen soll.

Alle Eltern kennen wohl solche Situationen, in denen

sie sich völlig ausgepowert fühlen, in denen die Sprösslinge nur noch nerven, in denen auch das letzte Restchen an verantwortlicher pädagogischer Handlungsfähigkeit aufgebraucht ist. Ist es möglich, aus einer solchen Situation allein zu zweit, wie Pettersson und Findus, mit eigenen Kräften herauszukommen, ohne Freunde oder wenigstens Geschwister für Findus und ohne eine Schulter zum Anlehnen für Pettersson oder wenigstens einen zweiten Erwachsenen, an den der Wirbelwind abgegeben werden kann? Absolut utopisch, das steht für Leser und Zuhörer spätestens nach dem höchst ungerechten, den kleinen Findus buchstäblich umwerfenden Wutausbruch von Pettersson fest.

Nun ist man als sogenannter »Erziehungsberechtigter« natürlich versucht zu sagen, dass Findus es nicht anders verdient hat – nach dem Motto »Wer nicht hören will, muss fühlen.« Findus muss zu spüren bekommen, wo seine Grenzen und die Grenzen von Pettersson sind, mit anderen Worten: Dem Kind muss vermittelt werden, dass es Rücksicht zu nehmen hat. Ja, so hätten wir das gern; das wäre schön, wenn Kinderbücher in dieser Art als Sprachrohr der Eltern-Interessen funktionieren würden. Allerdings wird man mit diesem Wunsch bei den meisten Kinder- und Jugendbüchern heute nicht mehr fündig, denn die Kinder darin sind ganz sicher keine blutarmen Vorbilder für kindlichen Gehorsam oder abschreckenden Beispiele mehr wie etwa Hans Guck-in-die-Luft, der Suppenkasper und andere Gestalten aus dem »Struwwelpeter« und ähnlichen historischen Kinderbüchern. Im Gegenteil, häufig sind sie subversiver, als es uns lieb sein kann.

Wenn es uns zum Beispiel einfach nur darum geht, unsere Ruhe zu haben: Im Struwwelpeter wurde dieses Problem dadurch gelöst, dass der Vater, der mit seinem notorisch unruhigen Sohn Philipp am Tisch sitzt, immer nachdrücklicher auf den Buben einredet; der Sohn verstärkt parallel zur Ansprache seines Vaters sein Schaukeln, und das geht so lange, bis das arme Kind vom Stuhl kippt und unter Geschirr, Mittagessen und Tischtuch begraben wird. Der Sturz war die Strafe für das Gezappel, und damit hat die Geschichte ein Ende; ob die Reaktion des Vaters konstruktiv oder angemessen war, steht überhaupt nicht in Frage.

Schauen wir uns im Unterschied dazu Findus an, eine moderne Variante vom Zappelphilipp: Während Pettersson seine Trübsal in seine Kaffeetasse bläst, kippelt Findus auf höchst virtuose Weise auf seinem Stuhl herum, was bei seinem »Vater« Pettersson natürlich gar nicht gut ankommt – als Findus selbst auf wiederholte Aufforderungen, still zu sitzen, nicht reagiert, haut Pettersson so krachend mit der Faust auf den Tisch, dass auch hier das Geschirr in alle Richtungen davonfliegt und das arme kleine Wesen rückwärts vom Stuhl kippt, mitten in einen Blecheimer hinein.

Eine Geschichte aus dem »Struwwelpeter« wäre hier zu Ende, und wir könnten unserm kleinen Zappelphilipp sagen: Siehst du, da kannst du sehen, was du davon hast, wenn du dich nicht ruhig verhältst. Also ändere dich und respektiere das Ruhebedürfnis der Erwachsenen. Die meisten Kinderbücher folgen heute glücklicherweise nicht mehr dieser schlichten Einbahnstraßen-Pädagogik. Der große Knall, die Eskalation des Interessenkonflikts zwischen dem bewegungshungrigen Findus und dem ruhebedürftigen Pettersson, ist ja nur der Anfang der Geschichte – wir erfahren jetzt, dass Pettersson »nur« deswegen auf den Tisch gehauen hat, weil er tief in einer rabenschwarzen schlechten Laune hängt und es deswegen einfach nicht schafft, auf die lebhaften Impulse seines kleinen Katers einzusteigen.

Um noch einmal auf den »Struwwelpeter« zurückzukommen: Wollte man die hier vorgestellte Findus-Geschichte auf den Zappelphilipp übertragen, dann müsste man die Frage stellen, ob nicht eventuell die Mutter, die die ganze Zeit nur stumm auf dem ganzen Tisch herumschaut, mit verantwortlich ist für Philipps ungebärdiges Betragen – vielleicht will er sie durch sein Hampeln aus ihrer bedrückenden Reglosigkeit herausholen? Dies ist jedenfalls das Motiv des kleinen Wirbelwinds bei Sven Nordqvist, und hier hat er sogar Recht: Seine Annahme, dass es den Alten wieder froh macht, wenn er aufsteht, vor die Tür tritt und mit Findus angeln geht, stellt sich am Ende der Geschichte als absolut goldrichtig heraus.

Dass also die Eltern automatisch die Besserwissenden sind und die Kinder diejenigen, die beeinflusst, belehrt, verändert werden müssen, ist für die heute erzählten Geschichten alles andere als ausgemacht. Aber es ist ja auch kaum anzunehmen, dass Sie – wie das die Struwwelpeter-Pädagogik noch getan hat – Ihre Kinder zu widerspruchslosen, regelkonformen Befehlsempfängern erziehen wollen, die alles mit sich machen lassen und bedingungslos jede Form von Autorität akzeptieren. Nein, mit den heutigen Kinderbüchern wird den Kindern im

Gegenteil eine gehörige Portion Selbstbewusstsein vermittelt, was gelegentlich auch einmal den momentanen Bedürfnissen der Eltern-Generation zuwiderlaufen kann, wie es der Wutausbruch von Pettersson recht drastisch zeigt: Der ist zwar verständlich, aber trotzdem ungerecht, was Pettersson selbst am klarsten ist, daher entschuldigt er sich auch gleich anschließend bei seinem kleinen Kater.

Ausschlaggebend ist hier, dass es nicht der Erwachsene ist, der »pädagogisch handelt«, sondern der Kleine, also das Kind, das weiß, was sein »Erwachsener« braucht, auch ohne dass dieser das momentan nachvollziehen kann. Findus ist also derjenige, der Pettersson den Weg weist, ihn gewissermaßen »erzieht«, indem er ihm mit allerlei Tricks und Kniffen vermittelt, was ihm wirklich gut tut: nämlich aufstehen und rausgehen, anstatt weiterhin am Tisch sitzen und Trübsal blasen.

Der Appell, wenn man es so nennen will, der von diesem Buch ausgeht, ist also nicht: Kinder, hört auf eure Eltern, denn sie wissen besser, was gut ist für euch, sondern ganz im Gegenteil: Eltern, hört auch ab und an auf eure Kinder, die möglicherweise manchmal ein besseres Gespür für das haben, was jetzt grade notwendig ist. Von daher müssen Sie auch keine Befürchtungen haben, dass Sie Ihr Kind mit einer pädagogischen Keule quälen, wenn Sie ihm Kinderbücher nahe bringen. Im Gegenteil, Kinderbücher tragen ganz entschieden zur Stärkung des Selbstwertgefühls von Kindern bei, gerade auch in ihrem Verhältnis zu ihren Eltern. Vielleicht sollten Sie sich daher, bevor Sie den »Armen Pettersson« zur Benutzung freigeben, im Gegenteil fragen, ob Sie selbst bei Ausfälligkeiten wegen schlechter Laune zu solch einer Entschuldigung fähig wären wie Pettersson …

Die ideale Situation, um diese Geschichte zum Leben zu erwecken, ist natürlich dann gegeben, wenn sich so dicke Luft wie hier anfängt zusammenzubrauen, oder wenn sich gar gerade ein solches Donnerwetter wie das des schlechtgelaunten Pettersson über unserer verdatterten Umgebung entladen hat. Sicher sind Sie sich darüber im Klaren, dass Sie in solch emotional hochgeschaukelten Situationen nicht die Gerechtigkeit in Person sind, und sicher sehen Sie auch – aus der Distanz –, dass den Kindern, und nicht nur ihnen, mit solchen Ausrastern mehr geschadet als genützt ist. Sorgen Sie doch einfach dafür, dass der »Arme Pettersson« in Reichweite liegt: dann können Sie danach greifen, wenn Sie in herbstliche oder anderweitig bedingte Trübsal zu versinken drohen; und dann muss der Kontakt zu Ihrem Sprössling vielleicht gar nicht so sehr erschüttert werden wie in Petterssons Wutausbruch.

Falls es aber doch ganz schrecklich geknallt haben sollte, dann ist dieses Buch ein wunderbares Mittel, um zu dieser Erschütterung heilsamen Abstand zu gewinnen; die Bilder zeigen ja nicht nur den Schrecken, den Pettersson mit seinem Wutausbruch bei dem armen Findus auslöst, sondern sie zeigen zuvor auch, wie sich die Stimmungskurve des armen Pettersson immer steiler nach unten bewegt, also ganz plastisch die Verlorenheit, Traurigkeit und Hilflosigkeit des Erwachsenen. Wenn wir im richtigen Augenblick oder auch ein bisschen früher oder später zu dieser Geschichte greifen und sie vorlesen, dann müssen wir nicht mehr unsere eigene schlechte Laune haben, sondern wir können eine sehr genial dargestellte schlechte Laune verkörpern, was natürlich eine ganze Menge mehr »Laune macht«. Mit Pettersson zusammen können wir uns noch einmal so richtig in die Griesgrämigkeit hineinbegeben, können das Crescendo der Verdrießlichkeit parallel zum Schrumpfen der inneren Lebensgeister wirklich ausleben – natürlich ist es in diesem Zusammenhang auch erlaubt, ordentlich auf den Tisch zu hauen! Dieser Knalleffekt ist dann aber kein Beziehungsabbruch mehr, sondern im Schutz der Geschichte können wir anschließend – zusammen mit unseren kleinen Zuhörern und Pettersson und Findus – allmählich wieder ins Freie finden.

Das Buch öffnet also eine verkrustete Situation – genau so wie Findus das macht mit seiner Angelperformance, es kann uns helfen, den verbohrten Tunnelblick abzulegen und zu den Angeboten, die der Augenblick bereithält, zurückzukehren. Idealerweise leben Sie also Ihre Niedergeschlagenheit aus, indem Sie diese Geschichte vorlesen und Ihrem kleinen Zuhörer ruhig auch zu verstehen geben, dass eine so schlechte Laune wie die Petterssons grade durchaus auch »im richtigen Leben«, nämlich in Ihnen, dem Vorleser oder Vorleserin, nistet; und dann nutzen Sie die Dynamik in der Geschichte, um wie Pettersson und sein kleiner Gefährte hinauszugehen zum Angeln, oder zum Herbstblätter- und Hagebutten-Sammeln, oder werkeln Sie gemeinsam im Werkzeugschuppen oder in der Bastelecke, oder backen Sie zusammen einen Kuchen, oder oder oder … Unternehmen Sie einfach etwas gemeinsam mit Ihrem Kind – danach werden Sie sich besser fühlen, und wer weiß, vielleicht ist ja auch Ihr Sprössling von der positiven Power der Geschichte so angetan, dass er sich gern alleine noch mit diesem oder einem andern Buch in die Sofaecke zurückzieht.

Haben Sie übrigens schon einmal darauf geachtet, wie es Ihrem Kind nach einem halben oder ganzen Vorlesestündchen geht? Oder auch den Älteren, wenn sie Zeit hatten, bei einem spannenden Buch wirklich dranzubleiben? Wie viel erfüllter und mitteilungsfreudiger sind sie doch nach solchen Stunden im Vergleich zu anderen Kindern, die die gleiche Zeit mit einem Computerspiel zugebracht haben! Geschichten können gemeinsam aufgenommen und geteilt werden, darin liegt ein Gutteil ihrer positiven Kraft: wir können erzählen und uns erzählen lassen, können uns austauschen über das Erzählte, können im Gespräch sein miteinander, was für die kleinen und größeren Heranwachsenden von heute – Stichwort kommunikative Kompetenz – eine ganz zentrale Anforderung ist.

Mit einem Computerspiel aber wird den Kindern der Weg zur erzählenden Aufgeschlossenheit geradezu systematisch verbaut. Das Einzige, was sie am Computer lernen, ist: sich strikt den vorgegebenen Regeln zu unterwerfen (ein ähnlicher Effekt, nebenbei bemerkt, wie der pädagogische Zeigefinger im oben angesprochenen »Struwwelpeter«). Jedesmal, wenn ich Kinder vor Computern erlebe, verstärkt sich in mir der Eindruck, dass der Vorgang des Programmierens durchaus nicht nur vom Menschen auf den Computer hin angewandt wird, sondern – grade im Blick auf unsere Kinder – mit mindestens derselben Wucht vom Computer auf diejenigen, die ihn (wie es ja durchaus zutreffend heißt) »bedienen«. Bücher dagegen braucht man nicht zu bedienen, sie lassen uns frei – und sie machen uns frei, indem sie uns Perspektiven öffnen und neue Welten entdecken lassen.

6 Durch das Dickicht der Zeichen auf die Lichtung der Geschichte

»Pu der Bär« von Alan Alexander Milne

Haben Sie schon einmal Ihrem Kind zugeschaut, wie ihm ein Zusammenhang klar wird? Kennen Sie den Glanz in den Augen, wenn ihm plötzlich aufgeht, wie zwei Dinge zusammenpassen und zusammengehören? Dieses Erlebnis ist es, auf das sich unsere Schulanfänger so freuen, und dieses Erlebnis lässt sich Kindern, die lesen lernen und bereits eine Karriere als Vorlese-*Zuhörer* hinter sich haben, so zauberisch leicht und zwanglos dadurch vermitteln, dass man mit ihnen zusammen den Schritt vom bekannten, vorgelesenen Wort zu der neu eroberten, selbst gelesenen Zeichenkombination tut. Ein früher Höhepunkt im Leben aller Leser und derer, die es werden wollen, ist ja der Moment, da auf einmal aus dem vorgelesenen Wort ein Zeichen wird, und so sind Kinder, die lesen und schreiben lernen, auch überall auf der Suche nach Zeichen, die sie identifizieren können: Dort im Namen des Kaufhauses steckt der I-Strich, auf dem Straßenschild ist der O-Kreis versteckt, und im Werbeplakat auf der anderen Straßenseite lacht uns ein Ü entgegen. Der Beginn des Entzifferns von Schrift ist eine spannende Zeit; ein ganz neuer Blick kann sich bewähren, und wie grandios ist erst zu erleben, wie sich die einzelnen Zeichen zu Wörtern, die Wörter zu Sätzen zusammenfügen! Nichts ist in diesen Wochen und Monaten produktiver, nichts macht auch mehr Freude, als sich mit vertrauten Bilderbüchern und auf den Wegen der vertrauten Geschichten auf die Suche nach den neuen Zeichen und Zusammenhängen zu machen.

Von Zeichen und Geschichten, von Stöcken, Strichen, Kringeln, Buchstaben und Wörtern, vom Kampf mit der Sprache, vom Spielen mit ihr und von vielem, vielem mehr ist auch in dem großartigen, unsterblichen Kinderbuch »Pu der Bär« die Rede. Wie aber entsteht solch ein Kinderbuch? »Es ist nicht leicht. Ein Buch ist keine Sache, die man so einfach packen kann, nein, man wird von ihm gepackt. Und alles, was man dazu tun kann, ist, dorthin zu gehen, wo es einen finden kann.« Er wartete voller Hoffnung ... »Tja«, sagte der Autor nach langem Warten, »ich fange einfach mit ›Hier kommt nun Eduard Bär die Treppe herunter‹ an, denn hier kommt er ja, und dann werde ich sehen, was passiert.«

Was passiert? Ein Wunder von einem Buch – es ist mittlerweile über 80 Jahre alt, aber nach wie vor ein Juwel der Kinderliteratur und ein zentraler Bestandteil meiner Vorschlagsliste: Weil es eine Brücke schlägt zwischen dem unbeschwerten, vor Phantasie und Beobachtungsgabe strotzenden Spielen des Kindes und dem Geschichtenerzählen, dem Vorlesen und damit letztlich auch dem Lesen. Weil es zeigt, wie intensiv das Spielen und das Geschichtenerzählen in der Phantasie des Kindes miteinander verknüpft sind. Und weil es auch den Erwachsenen eine zentrale Rolle in der Phantasiewelt des Kindes einräumt: dem Vater oder der Mutter, die das

Spiel des Kindes mit wacher Aufmerksamkeit verfolgen und im Kontakt mit dem Kind und seinen Phantasie-Inhalten einen behutsamen Weg zum Sehen, zum Entdecken und Verstehen von Geschichten bahnen. Schließlich ist es, wie oben schon erwähnt, ein phantastisches Buch für den Übergang von der reinen Spielwelt in die Welt der Schule, des Lesen-, Schreiben- und Rechnenlernens, denn es zeigt, wie Spielen und Lernen ineinander greifen, aber auch ihre gelegentlichen Unverträglichkeiten. Schließlich ist es sehr gut geeignet als richtig dickes Buch, das von Leseanfängern im Alter zwischen sechs und acht Jahren, die es vom Vorlesen schon kennen, in seiner feinen Ausgewogenheit von Bild und Text gern als erster größerer Lese-Brocken hergenommen wird.

»Dorthin gehen, wo es einen finden kann« – das Buch, die Geschichte (beim Eingangszitat, das ich leicht verändert habe, handelt es sich übrigens um ein Gedicht, von dem Pu sich finden lassen möchte, und zwar ein Gedicht für Pus besten Freund Ferkel – vgl. S. 300) findet ihren Erzähler am Kamin, von wo aus er seinen Sohn Christopher Robin mit seinem Bären im Schlepptau die Treppe herunterkommen hört und von ihm hübsch beiläufig, sehr englisch mit der folgenschweren Frage konfrontiert wird: »*Wie* wär's mit einer Geschichte?« (S. 16) Christopher Robin bittet seinen Vater, seinem Bären eine Geschichte zu erzählen, eine Geschichte über sich selbst – Pu mag Geschichten über sich selbst, »denn diese Sorte Bär ist er« (S. 16). Und Milne fängt an zu erzählen: Von Pu und einigen Bienen. Die erste Geschichte.

Kein anderes Kinderbuch trägt noch so deutlich die Spuren seiner Entstehungsgeschichte an sich wie »Pu der Bär«, das macht einen beträchtlichen Teil seines Reizes aus. Die Geschichten sind daraus entstanden, dass ein Vater an der Seite seines Sohnes war, wenn dieser spielte. Die Voraussetzung für den Grundton von »Pu der Bär« ist die Bereitwilligkeit eines Erwachsenen, das kindliche Spiel ganz ohne Voreingenommenheit und Erwachsenendünkel als einen faszinierenden Eigenbereich voller Witz, Weisheit und Spannung zu beobachten; und sicher hat sich der Autor Milne auch seinerseits von seinem Sohn viel über seine Spielwelt erzählen lassen. Daraus sind dann – in zwei Bänden – zwei Mal zehn Geschichten erstanden, mit Charakteren, wie es sie prägnanter, stimmiger, sympathischer – und auch wieder: komischer – in der ganzen erzählenden Literatur kaum gibt.

Wir begegnen in diesen Geschichten dem Unterschied zwischen Groß und Klein oder Klug und Dumm, der normalerweise die Grenzen zwischen der Welt der Erwachsenen und der Welt der Kinder prägt, durchaus wieder:

Da gibt es das strenge und vernünftig auftretende Kaninchen: ein Weltmeister im Organisieren und »Sachen-Erledigen«, das jedoch ganz leicht durch Spontaneität oder Bedächtigkeit aus dem Konzept zu bringen ist (sehr erwachsen!) –

es gibt Eule, die lange Wörter buchstabieren und ewige, einschläfernde Monologe über ihre reichen Lebenserfahrungen von sich geben kann (sehr erwachsen!) –

es gibt I-Ah, den vom Leben tief enttäuschten Esel, den Eigenbrötler, der vor jede freundliche Geste seiner Mit-Tiere einen Vorbehalt von Ungläubigkeit und Pessimismus schiebt (sehr erwachsen!) –

es gibt Känga, die Übermutter, deren ganze Existenz auf das Wohlergehen ihres Sprösslings Ruh abgestellt ist beziehungsweise auf das, was sie für sein Bestes hält.

Und auf der andern, der Kinder-Seite gibt es das kleine Ferkel, das ängstlich vor allem Großen und Lauten zurückschreckt, auch wenn es nur in seiner Phantasie existiert, das mit seinem großen Freund Pu an der Seite aber zu unglaublichen Heldentaten bereit ist;

es gibt das quirlige Känguruhkind Ruh, genau so groß wie Ferkel, aber entschieden risikofreudiger, das alles – sogar in den Fluss fallen – tut, nur um den strengen Zubettgeh-Regeln seiner Mutter Känga zu entgehen;

es gibt das zwar große und starke, nichtsdestoweniger anlehnungsbedürftige großmäulige Riesenbaby Tieger, mit dem immer wieder unversehens seine Kraft durchgeht, was für die anderen Tiere, vor allem für Kaninchen und I-Ah, oft schrecklich strapaziös ist.

Und schließlich oder besser von Anfang an gibt es Pu. Er ist im Kreis der Tiere der Erste und Wichtigste, weil er für seinen »Besitzer«, sein Kind, dem er gehört: für Christopher Robin der Erste und der Geliebteste ist, das steht von vornherein fest. Und Pu ist wirklich weise, daher steht er weder eindeutig auf der Seite der Großen und Schlauen noch auf der der Kleinen und Törichten. (Wie weise Pu ist, wurde ja übrigens auch bereits von einem englischen Philosophiehistoriker[1] und einem amerikanischen Taoisten[2] ausführlich dargelegt – wobei es mir

[1] John Tyerman Williams, Jenseits von Pu und Böse, Hamburg 1996
Ders., Bei Pu auf der Couch, Hamburg 2004

[2] Benjamin Hoff, Tao Te Puh, Essen 1984

nach der Lektüre dieser durchaus lesenswerten Bücher immer wieder ein besonderes Vergnügen war, zum »Urtext« zurückzukehren.)

Pu hat ein untrügliches Gespür für die wirklich wichtigen Dinge: Das ist Honig, das ist Christopher Robin, und das sind die Freunde (die Reihenfolge ist variabel). Er ist ein mutiger Bär, der unerschrocken auf alles Unbekannte – seien es Wischel, Wuschel, Heffalumps oder Jagulare – zugeht. Er ist von tiefer Demut beseelt, durchaus immer bereit zuzugeben, dass er nur wenig weiß; dies befähigt ihn aber letztlich nur um so besser, mit grandioser Unvoreingenommenheit auf die Welt zuzugehen, und schützt ihn vor dem Dünkel des Klug-Seins, wie er bezeichnend ist für Kaninchen, Eule und I-Ah. Er lebt auf eine unvergleichliche Weise mit der Natur, mit den Jahreszeiten, und er nimmt die verschiedenen Stimmungen in seinem Wald so wahr, dass unfehlbar die schönsten »Gesumme« daraus entstehen. Die Pu-Fähigkeit, die uns immer am meisten beeindruckt hat, war seine Begabung zum Rühmen; das ist am schönsten in seiner Hymne auf Ferkel ausgeführt, nachdem dieses zur Rettung von Eule über sich hinausgewachsen ist und trotz seiner Angst und Kleinmütigkeit selbstständig und furchtlos Hilfe für die bedrängten Freunde geholt hat.

Wahrscheinlich ist das Geheimnis von Pus Weisheit seine fraglose Zugehörigkeit: Nicht nur beim Dichten seiner Gesumme, wenn er sich vom Gedicht finden lässt, *hört* er das Richtige, sondern auch in ausweglosen Situationen, wie etwa im siebten Kapitel des zweiten Teils, ist es lediglich eine Frage der Wahrnehmungsfähigkeit, dass Pu durch all das Getöse, das das Souveränität vorfüh-

Kinder fordern uns heraus
Klett-Cotta
www.klett-cotta.de

Rudolf Dreikurs / Vicki Soltz

Kinder fordern uns heraus

Wie erziehen wir sie zeitgemäß?

368 Seiten, broschiert
€ 12,90 / sFr 23,70 ISBN 3-608-93700-5

Dieser Erziehungsklassiker ist ein kompetenter Ratgeber bei ganz konkreten Alltagsproblemen. Anhand von 34 Erziehungsprinzipien werden genervte Eltern dazu ermutigt, weniger direkten Einfluß auf Kinder und Jugendliche zu nehmen und ihnen mehr Autonomie zuzubilligen.

Sylvia Broeckmann

Plötzlich ist alles ganz anders – wenn Eltern an Krebs erkranken

186 Seiten, broschiert
€ 13,– / sFr 23,90 ISBN 3-608-94324-2

Die Krebserkrankung eines Elternteils verändert das Leben der Eltern und ihrer Kinder grundlegend. Kinder reagieren oft mit Angst, mit Rückzug oder Verhaltensauffälligkeiten. Praktische Beispiele und Vorschläge zeigen wie geholfen werden kann.

Rudolf Dreikurs / Erik Blumenthal

Eltern und Kinder – Freunde oder Feinde?

Mit einem Übungsheft für Elterngruppen
344 Seiten, broschiert
€ 19,– / sFr 34,40 ISBN 3-608-94028-6

In systematischer Form werden in diesem Buch Ziele der Erziehung vorgegeben und der Weg, auf dem diese zu erreichen sind, gewiesen. Schwierigkeiten und Probleme werden an praktischen Beispielen erläutert und Lösungen vorgeschlagen.

Rudolf Dreikurs / Shirley Gould / Raymond J. Corsini

Familienrat

Der Weg zu einem glücklichen Zusammenleben von Eltern und Kindern

183 Seiten, broschiert
€ 13,– / sFr 23,90 ISBN 3-608-94242-4

Rudolf Dreikurs und seine Mitarbeiter haben mit diesem Handbuch einen Klassiker für die Planung und Durchführung eines Familienrats vorgelegt.

Hendrik Simon

Dyskalkulie – Kindern mit Rechenschwäche wirksam helfen

239 Seiten, broschiert, 18 Illustrationen
€ 14,50 / sFr 26,50 ISBN 3-608-94147-9

In jeder Schulklasse sitzt heute mindestens ein Kind mit einer Rechenschwäche. Wichtig ist, daß diese Störung als solche erkannt wird und Schüler nicht als »dumm« stigmatisiert werden. Der Autor zeigt mit viel Einfühlungsvermögen und Sachverstand Wege auf, die eingeschlagen werden können.

NEU:

Rita Steininger

Eltern lösen Konflikte

So gelingt Kommunikation in und außerhalb der Familie

174 Seiten, broschiert
€ 13,– / sFr 23,90 ISBN 3-608-94401-X

Im täglichen Miteinander lassen sich Konflikte nicht immer vermeiden. Doch was tun, wenn es im Umgang mit dem eigenen Kind, mit dem Partner, mit Erziehern und Lehrern zu Auseinandersetzungen kommt? Guter Wille allein reicht nicht – es kommt vor allem auf einen konstruktiven Gesprächsstil an.

Rita Steininger

Kinder lernen mit allen Sinnen

Wahrnehmung im Alltag fördern

200 Seiten, 33 Abbildungen, broschiert
€ 13,– / sFr 23,90 ISBN 3-608-93755-2

Die reichhaltige Sammlung von Spielen und Übungen im Buch regt bei kleinen wie größeren Kindern alle Sinne an.

Rita Steininger

Wie Kinder richtig sprechen lernen

Sprachförderung – ein Wegweiser für Eltern

201 Seiten, broschiert
€ 14,– / sFr 25,70 ISBN 3-608-94068-5

Dieses Buch stellt ausgewählte Fördermöglichkeiten für Kinder mit Sprachschwierigkeiten vor: von der Logopädie und Ergotherapie bis hin zur individuellen Förderung in Kindergarten und Schule.

Weitere Titel aus unserer Reihe **Kinder fordern uns heraus**

Elisabeth Cope

Allein erziehen und optimistisch bleiben
Probleme erkennen und Prioritäten setzen
208 Seiten, broschiert, € 14,– / sFr 25,70 ISBN 3-608-94244-0

Allein erziehen und stark sein
Schwierige Situationen wahrnehmen, verstehen, lösen
190 Seiten, broschiert, € 14,– / sFr 25,70 ISBN 3-608-94337-4

Françoise Dolto

Scheidung – Wie ein Kind sie erlebt
142 Seiten, broschiert, € 12,– / sFr 22,10 ISBN 3-608-91761-6

Christoph Eichhorn

Eltern sind nicht immer schuld
Warum manche Kinder schwieriger sind
174 Seiten, broschiert, € 13,– / sFr 23,90 ISBN 3-608-94045-6

Gertraud Finger / Traudel Simon-Wundt

Was auffällige Kinder uns sagen wollen
Verhaltensstörungen neu deuten
172 Seiten, broschiert, € 13,– / sFr 23,90 ISBN 3-608-94330-7

Hermann Giesecke

Das Ende der Erziehung
Neue Chancen für Familie und Schule
159 Seiten, broschiert, € 12,– / sFr 22,10 ISBN 3-608-91766-7

Wenn Familien wieder heiraten
Neue Beziehungen für Eltern und Kinder
234 Seiten, broschiert, € 13,– / sFr 23,90 ISBN 3-608-91885-X

Gisela Schmeer

Das sinnliche Kind
132 Seiten, broschiert, € 12,– / sFr 22,10 ISBN 3-608-91201-0

Karin Stark-Schwehn

Kinderseelen wollen wachsen
191 Seiten, broschiert, € 13,– / sFr 23,90 ISBN 3-608-94340-4

Ingeburg Stengel, Lieselotte von der Hude, Veronika Meiwald

Sprachschwierigkeiten bei Kindern – Wie Eltern helfen können
180 Seiten, broschiert, € 13,– / sFr 23,90 ISBN 3-608-91884-1

Klett-Cotta
Rotebühlstraße 77
70178 Stuttgart
www.klett-cotta.de

Europreise gelten nur für Deutschland; in Österreich ca. 3% höher aufgrund abweichender Mehrwertsteuer. Stand 06/2006. Preise freibleibend.

rende, aber letztlich heillos verwirrte Kaninchen verursacht, das Rufen seiner Honigtöpfe hört und an diesem Klang entlang unfehlbar nach Hause findet.

Die zweimal zehn Kapitel von Pu zeigen eine kleine Welt von Tieren, die miteinander im 160-Morgen-Wald leben, und das Faszinierende daran ist, dass der »Sitz im Leben« dieser Tiere an allen Ecken und Enden noch durchschimmert, dass ihre Wesensart, ihr Charakter ganz klar *von ihrem Platz im Herzen des spielenden Kindes Christopher Robin* geprägt ist. Pu ist, wie gesagt, der Geliebteste; er ist der Einzige, der »außerhalb« der Geschichten selbst zusammen mit Christopher Robin beim erzählenden Vater am Kamin sitzt und zuhört. So eng wie Pu zu Christopher Robin gehört, so eng gehört dann das kleine Ferkel zu Pu: die beiden sind die allerbesten Freunde, sie ergänzen sich auf die wunderbarste Art; wenn es um die Frage geht: Was mache ich jetzt? dann ist Pus erster Gedanke sein Freund Ferkel und umgekehrt. Pus Profil ergibt sich also aus der Rolle des ersten und liebsten Tieres; der kleine Freund Ferkel entsteht in seiner Eigenart aus der Notwendigkeit, dass auch Pu einen so engen Freund haben soll, wie Christopher Robin ihn in Pu hat; und I-Ah als der Dritte im Bunde, der naturgemäß bei der Freundschaft zwischen Pu und Ferkel das fünfte Rad am Wagen ist, lebt aufgrund dieser Position am Rand, allein »in einem distelbewachsenen Winkel des Waldes«, der sich auch noch »die Düsternis« nennt.

Pu, Ferkel und I-Ah: das sind die drei ersten Tiere im Kinderzimmer von Christopher Robin, dem Sohn des Dichters A. A. Milne und seiner Frau Daphne. Der kleine

Junge spielt mit diesen Tieren, und seine Mutter, eine begnadete Mit-Spielerin, verbringt in den frühen Kindheitsjahren Christopher Robins viele Stunden einfach damit, ihrem Sohn in die Vorstellungswelt seiner Stofftiere zu folgen, einzutauchen in seinen Kinderkosmos und mit ihm zusammen kleine szenische Spiele auszuphantasieren, wodurch die Charaktere mehr und mehr an Prägnanz und Präsenz gewinnen. Der Vater, Autor bei der satirischen Zeitschrift »Punch«, registriert dieses Spiel zunächst eher am Rande, doch eines Tages ist ihm wohl aufgefallen, wie viel an zündenden Geschichts-Ideen in diesen Spielen liegen, er wird dann systematischer zugeschaut haben, und schließlich, kurz vor Weihnachten 1925, als ihm zu einer Auftragsgeschichte partout nichts einfällt, findet Pu der Bär an der Hand von Christopher Robin – rumpel di pumpel – seinen Weg aufs Papier: »Sie waren das, was sie ganz offensichtlich *sind*; ich habe sie *beschrieben*, nicht *erfunden*.«[3] Der Ausgangspunkt ist das, was Milne beim kindlichen Spiel beobachtete, die Tiere, die bereits da sind: Pu, Ferkel, I-Ah. Nun kommen aus der Vorstellungswelt des Autors zwei Figuren hinzu, die sich im Kinderzimmer nicht finden, und zwar Kaninchen und Eule. Ihre »Erfundenheit« ist an den Bildern schön abzulesen: Während Pu, Ferkel und I-Ah erkennbar Stofftiere sind, haben Kaninchen und Eule in E. H. Shephards Illustrationen wesentlich realistischere Züge. Schließlich wird der Kreis der ersten Tiere noch um zwei Wesen erweitert, diesmal wieder »echte Stofftiere«, die der Vater eigens für die Spielwelt

[3] Brian Sibley, Dreimal hoch für Pu, Zürich 2003, S. 60

seines Sohnes – und mit Blick auf das Personal seines Buches – aussuchte: Känga und Klein Ruh.

A.A. Milne hat sich also vom Spiel seines Sohns als Ausgangspunkt seiner Geschichten schreibend beileibe nicht entfernt, sondern er hörte nicht auf zuzuschauen und steuerte seinerseits aus dieser genauen Kenntnis zwei erfundene und zwei echte Charaktere bei, die offenbar ohne Probleme in die Pu-Welt zu integrieren waren, wobei die Fremdheit von Känga und Ruh übrigens auch das Motiv einer – der siebten – Geschichte im ersten Teil ist. Die Geschichten, die er schrieb, waren ihrerseits wiederum eine schöne Ergänzung zum kindlichen Spiel. Nicht nur ist Pu »die Sorte Bär«, die Geschichten über sich selbst mag, natürlich gilt für Christopher Robin ebenfalls, dass er »die Sorte Junge« ist, der sich selbst gern in Geschichten wiederfindet – und für welches Kind gilt das nicht? Es ist eine gute, fürs ganze Leben konstruktive Erfahrung zu erleben, wie sich aus dem alltäglichen Handeln Geschichten herauskristallisieren, wie sich das Spiel zu einer bewusst gestalteten Geschichte fortentwickelt mit einem viel versprechenden Anfang, einem phantasievollen Fortgang und schließlich einem fulminanten Ende, wo alle Fäden in ein hochbefriedigendes Abschlussarrangement münden, wie das in sämtlichen Pu-Geschichten der Fall ist. Das regt Kinder nicht nur in ihrem Spiel an, sondern auch ausdrücklich eigens zum Erzählen von Geschichten, also dazu, ihr Spiel als erzählten Bogen zu erleben und wiederzugeben.

Nun möchte ich damit natürlich nicht sagen, die Quintessenz von »Pu der Bär« bestünde darin, dass jede Familie ein solches familiäres Gesamtkunstwerk aus gemeinsamem Spielen, Phantasieren und Fabulieren hervorbringt. Für mich ist Pu beziehungsweise seine Entstehungsgeschichte einfach ein schönes Beispiel für den Reichtum, der sich aus Alltags-Geschichten ergibt – aus dem Erzählen ebenso wie aus dem Erfinden von Alltags-Geschichten und der damit einhergehenden Aufmerksamkeit für die alltäglichen, kleinen Begebenheiten. Am meisten erfreut und fördert ein Kind wohl bei solch alltagsbegleitendem Erzählen die Erfahrung, dass es selbst das Zentrum, der Dreh- und Angelpunkt des Geschehens ist. Für meine Söhne ist das ein Merkmal der Pu-Geschichten, das sich ihnen ganz tief eingeprägt hat: Christopher Robin kommt zwar gar nicht so sehr oft vor; die meisten Geschichten beginnen mit Pu, entspinnen und entwickeln sich weiter aus einer Begegnung Pus mit einem anderen Tier oder mehreren seiner Freunde; meistens entwickelt sich dann alles so weit, dass sich unter den Tieren eine gewisse Ratlosigkeit breitmacht – aber dann kommt Christopher Robin und bringt alles wieder in Ordnung. Er ist die oberste Instanz in dieser Welt, wie ein Vater, der alles weiß, alles versteht und alles lösen kann. Das ist natürlich für das kindliche Selbstbewusstsein eine wundervolle Bestätigung, und zwar auch insofern, als hier die Probleme nicht mit irgendwelchen übernatürlichen Fähigkeiten gelöst werden, sondern *auf einfache Weise* – mit einem Luftgewehr oder mit einem Hämmerchen oder indem der Junge einfach da ist und Ferkel aus seinem namenlosen Entsetzen über das Heffalump erlöst oder indem er Tieger und Ruh aus ihrer verstiegenen Situation vom Baum herunterhilft. Was Christopher Robin auch ganz exzellent kann, ist: Feste arrangieren, zum Lob und Ruhm seines inniggeliebten Bären. Kurzum, das Kind Christopher Robin ist der Fixstern der Pu-Welt, eine Sonne, die, ohne dass sie immer anwesend sein müsste, alles dort am Leben und in einem harmonischen Gleichgewicht hält.

Von daher ist es nur folgerichtig, dass der Ausblick auf das Größerwerden, auf die Schule oder gar aufs Erwachsensein recht zwiespältig ist. Die eher erwachsenen Tiere im Pu sind alle reichlich skurril, ihr Horizont ist im Vergleich mit dem der kleinen Tiere, zu schweigen von Pu, recht beschränkt; ihre größere Lebenserfahrung steht ihnen – man denke nur an I-Ah! – entschieden im Weg und verbaut ihnen die Möglichkeit unvoreingenommener Wahrnehmung und unbefangener Freude.

So ist auch die Schule nicht notwendig eine Bereicherung und Erweiterung für die Bewohner des 160-Morgen-Waldes; vor allem hat der Schulbeginn für die Geschichte nicht den umstürzenden Charakter eines epochalen Ereignisses, wie das üblicherweise häufig gesehen oder dargestellt wird. Christopher Robin ist ein neugieriges, kluges und erfinderisches Kind; das zeigt sich von Anfang an, und ganz allmählich, im Fortgang der Geschichte, mehren sich die Hinweise darauf, dass er wohl auch zur Schule geht. Sein Witz und sein Unternehmungsgeist sind davon aber weitgehend unabhängig.

Man wartet im 160-Morgen-Wald also keineswegs sehnsüchtig darauf, dass die Schulzeit endlich beginnt, denn was ist das für eine Einrichtung, für die die herrliche Frage »WIE wär's mit einer Geschichte?« mit der Gegenfrage »Wie ist es denn mit neunmal hundertsieben?« zurückgewiesen werden muss? Das geschieht nämlich am Anfang des zweiten Bandes von »Pu der Bär«. Aber auch der gern erzählende Vater ist nun nicht unbedingt völlig überzeugt vom Sinn seiner Gegenfrage, wie der Fortgang dieser Passage zeigt: »... nachdem wir damit (also mit 9*107 – Anm. SH) fertig waren, kamen Kühe dran, und zwar gehen immer zwei gleichzeitig durch ein Tor, und auf der Wiese stehen dreihundert, und wie viele sind nach anderthalb Stunden noch übrig? Wir finden so etwas sehr aufregend, und wenn wir uns genügend aufgeregt haben, machen wir es uns bequem und schlafen ein ...« (162f.) Hier prallen die Welt der Schule und die Welt des Spielens doch schon in recht unangenehmer Weise aufeinander, denn wer wie Christopher Robin und sein Vater etwas von Tieren und von Wiesen versteht, dem muss völlig klar sein, dass die Willkür und die sture Regelmäßigkeit des Rechenexempels sehr, sehr weit von diesen Dingen entfernt sind. Wie gut ist es, dass der Vater sich durchaus zusammen mit seinem Sohn über das Pseudo-»Aufregende« von Schulaufgaben wirklich »aufregen« kann, denn die Stelle mit den 300 paarweise durch ein Tor schreitenden Kühen ist ja glücklicherweise nicht das Ende der Pu-Geschichten, sondern ganz im Gegenteil der Beginn des zweiten Buchs.

Und wie wirkt sich die Bildung auf die Bewohner des 160-Morgen-Waldes aus, die mit ihr in Berührung kommen? Ferkel, Ruh und Tieger sind ganz und gar nicht davon betroffen, die Tiere mit den »erwachseneren« Konturen allerdings schon: Die pompöse Eule, die gern weise und nachdenklich erscheinen möchte, kann schreiben, aber wie, oje! Als Pu sie bittet, auf ein Geschenk für I-Ah »Herzlichen Glückwunsch zum Geburtstag« zu schreiben, wird daraus: »Hirz lerz Nuckwnüsch uzm Bubu Bugebu Burzhat.« Eule verheddert sich in den Buchstaben; offenbar befindet sie sich in einem Stadium des Schreibenlernens, wo die Buchstaben noch eher einem Dschungel gleichen als einem möglichen Weg.

Für das notorisch organisierte Kaninchen dagegen mit seiner Zack-Zack-Mentalität scheint Lesen- und Schreibenkönnen derart nützlich, dass es das offenbar wirklich ohne großes Aufhebens davon zu machen perfekt beherrscht; dafür stiftet es umso mehr Unruhe und Verwirrung mit seinen schriftlich entworfenen Todo-Listen, Resolutionen, Plänen und Tagesbefehlen, die es serienweise vom Stapel lässt.

Und schließlich I-Ah, der Esel: Für ihn ist die Kenntnis der Buchstaben ein Exklusivbesitz, etwas, mit dem man vor den Unwissenden, die nur Fuseln im Kopf haben, prunken, sich in seiner gebildeten Erhabenheit sonnen kann. Aus drei Stöcken hat I-Ah sich ein A gelegt und spreizt sich damit vor Ferkel, das dem Griesgram einen Veilchenstrauß schenken wollte: »Weißt du, was A bedeutet, kleines Ferkel?« »Nein, I-Ah, das weiß ich nicht.« »Es bedeutet Lernen, es bedeutet Bildung, es bedeutet all das, was dir und Pu fehlt. Das bedeutet A.« »Oh«, sagte Ferkel … »Ich meine: tatsächlich?« fügte es schnell erläuternd hinzu. »Wenn ich's dir doch sage. Da kommen und gehen die Leute in diesem Wald, und sie sagen: ›Das ist ja nur I-Ah; der zählt ja nicht.‹ Sie gehen auf und ab und sagen: ›Haha!‹ Aber wissen sie irgendwas über A? Sie wissen nichts. Für sie sind das nur drei Stöcke. Aber für die Gebildeten – pass auf, kleines Ferkel – für die Gebildeten, also nicht für Pus und Ferkels, ist es ein riesiges und ruhmreiches A. Nichts«, fügte er hinzu, »was man einfach so aus der Nähe begaffen und mit seinem Atem entweihen kann.« (244f.)

Leider hält der Reiz des Buchstaben-Kennens jedoch nur so lange an, wie I-Ah sich selbst für den einzigen hält, der es beherrscht; als das schlaue Kaninchen dazukommt und en passant das A identifiziert, an dem I-Ah seinen enormen Horizont demonstrieren wollte, ist es aus mit I-Ahs Interesse für Bildung: »... Dies, zum Beispiel, ist ...« »Ein A«, sagte Kaninchen, »aber kein sehr gutes. Na ja, ich muss zurück ...« I-Ah sah seine Stöcke an, und dann sah er Ferkel an. »Was, sagte Kaninchen, ist das?« fragte er. »Ein A«, sagte Ferkel. »Hast du ihm das gesagt?« »Nein, I-Ah, hab ich nicht. Ich nehme an, Kaninchen wusste es einfach.« »Kaninchen *wusste* es? Du meinst, diese Sache mit dem A ist etwas, was *Kaninchen* gewusst hat?« »Ja, I-Ah. Kaninchen ist schlau, sogar ziemlich.« »Schlau!« sagte I-Ah verächtlich und trat mit einem Fuß schwer auf seine drei Stöcke. »Bildung!« sagte I-Ah bitter und sprang auf seinen sechs Stöcken herum. »Was *ist* die Gelehrsamkeit?« fragte I-Ah und versetzte seinen zwölf Stöcken einen Tritt, dass sie in die Luft flogen. »Etwas, was Kaninchen weiß! Ha!« (245f.)

Abgesehen davon, dass dies natürlich eine herrliche Geschichte für die Tage ist, an denen in der Schule der Buchstabe »A« vorgestellt wird, ist es auch eine lehrreiche Passage für Besserwisser und alle, die unter ihnen zu leiden haben: Wer so angibt mit seinem Wissen wie I-Ah, braucht sich wirklich nicht zu wundern, wenn es ihm unter den Hufen zerbröselt, bloß weil jemand vorbeikommt, der noch einen Tick mehr weiß ...

Aber die Dinge, die die Schule betreffen, erscheinen beileibe nicht nur in solch negativem Licht. Wie gut und wichtig das Lesenlernen als Voraussetzung für das Vor-Lesen ist, wird gleich in einer der ersten Geschichten dargestellt. Pu hat bei Kaninchen ausgedehnt geschlemmt, und erst als erwiesenermaßen »schon alles verputzt« ist (S. 36), bricht er auf. Da er allerdings deutlich an Umfang zugelegt hat, bleibt er im Eingang zu Kaninchens Höhle stecken: dort muss er warten, tagelang, ohne Essen, also ohne Honig, also ohne seinen täglichen Trost, so lange, bis sein Leibesumfang ihm das Verlassen von Kaninchens Schlupfloch erlaubt – eine höchst prekäre Situation; wie gut, dass Christopher Robin bei ihm bleibt und ihm verspricht: »… ›vorlesen werden wir dir.‹ Bär wollte gerade seufzen, merkte dann aber, dass er das nicht konnte, weil er so eingeklemmt war; eine Träne rollte ihm die Wange hinunter, als er sagte: ›Würdest du dann bitte ein gehaltvolles Buch vorlesen, eins, das einem eingeklemmten Bären in starker Bedrängnis Hilfe und Trost spendet?‹« (S. 40) Anderen vorlesen können: Das ist für junge Schulbesucher, die von zu Hause das Vorlesen schon gewöhnt sind, ein gewaltiger Ansporn. Endlich kann man selber die Rolle dessen übernehmen, der das Buch, also die Geschichte in der Hand hat!

Christopher Robin kann seinem Bären in seiner Bedrängnis helfen, indem er ihm ein gehaltvolles Buch vorliest; Christopher Robin kann auch Eule helfen, indem er ihr einen Zettel für ihr Haus oben im Baum verfasst, auf dem detaillierte Anweisungen für die Besucher festgehalten sind: Klingeln sollen die, die eine Antwort wünschen, klopfen sollen die, die keine brauchen. Über den

Nutzen dieses von Christopher Robin verfassten Schriftstücks mag man geteilter Meinung sein; Pu jedenfalls klingelt *und* klopft *und* teilt durch lautes Rufen außerdem mit, dass er eine Antwort erwartet (nicht zu vergessen, dass er zuvor den Zettel nicht nur von links nach rechts, sondern auch von rechts nach links gelesen hat, »falls ihm etwas entgangen sein sollte« [S. 56]). Christopher Robin kann dann später mit einem selbstgeschriebenen Schild der Welt mitteilen, dass sein Freund Pu den Nordpol entdeckt hat. Natürlich ist auch dieser Nordpol wie alles in den Geschichten um Pu Bestandteil des 160-Morgen-Waldes, vom gemeinhin gültigen Nordpol also eine gewisse Strecke entfernt, doch wie bei der Entdeckung des letzteren ist auch hier der Höhepunkt und Abschluss der abenteuerlichen Expedition zur Entdeckung des Pols das Aufrichten eines langen Stockes, an dem ein Schild befestigt ist, allen gegenwärtigen und künftigen Generationen vom Namen des Entdeckers zu künden (vgl. S. 128 mit Abb.). Es erhöht übrigens den Reiz der Expeditionsgeschichte noch, wenn man weiß, dass das englische Wort für Pol *(pole)* gleichzeitig einen langen Stock bezeichnet …

Als der Bogen der Geschichten sich langsam seinem Ende zuneigt, als Christopher Robin also immer mehr Zeit mit schulischen Dingen verbringt und die Tiere ganze Vormittage lang allein sind, hängt er Zettelchen an seine Tür, auf denen er seine Abwesenheit vermerkt und erklärt. Da ist zunächst, an einem Tag, die Botschaft: Wegegang Balzrück Happzutuhn Balzrück (im Original: Gon out Backson Bisy Backson). Kaninchen, das den Zettel findet, berät sich mit Eule über den Sinn des Geschriebenen – mit dem Ergebnis, dass Christopher Robin wohl von einem Balzrück (gesprenkelt oder krautartig – im Englischen: the Spotted or Herbaceous Backson) aufgehalten worden sein muss. Es ist herrlich, wie hier aus einem falsch geschriebenen Wort ein neues Wesen entsteht, von Eule in ihrer bekannt pompösen Art auch noch mit botanischen Spezifizierungen versehen ... nun, nachdem sich Kaninchen einen halben Tag mit der Aufklärung des Balzrück-Rätsels beschäftigt hat, hängt am folgenden Tag an Christopher Robins Tür die klare Nachricht: »Weggegangen. Bald zurück. Christopher Robin.« Unser kleiner Schulanfänger mag vielleicht mit dieser Geschichte die Zwischenstufe der orthographischen Unsicherheiten mit mehr Schwung, Spaß und Zuversicht hinter sich bringen, wenn wir ihn zum Beispiel hin und wieder auf seine Neuschöpfungen hinweisen: Schau mal, was du da geschrieben hast und wie das Wort richtig geschrieben aussieht – was hätten wohl Eule und Kaninchen daraus gemacht ...?

Von »Pu« her kann man also die Ambivalenz des Schulanfangs sozusagen von beiden Seiten aus ansehen: von der öden, auf der immer zwei Kühe gleichzeitig durch ein Tor gehen, und von der spannenden Seite her, mit der Möglichkeit, Botschaften und Hinweistafeln zu verfassen, durch Vorlesen von gehaltvollen Büchern Not und Bedrängnis zu lindern, oder auch einfach mit der Freude an dem kreativen Nonsense, der sich – wie beim Balzrück – aus Falsch-Schreibungen ergeben kann.

Pu der Bär ist daher, wie ich eingangs schon festgestellt habe, das geradezu ideale Buch für den Schulanfang, und zwar vor allem dann, wenn es schon durch mehrmaliges Vorlesen bekannt ist, wie das bei uns der Fall war. Für Schulanfänger hilfreich sind ja alle Bilderbücher, die sie vom häufigen Hören in ihren ersten Jahren schon so gut kennen, dass sie darin zu Hause sind, sich anhand der Bilder darin zurechtfinden und die sie sich dann mit der wachsenden Lesefähigkeit auf ganz neue Art erobern können. Auch »Pu der Bär« stellt eine sehr ausgewogene, erstleser-freundliche Mischung aus Zeichnung und Text dar, mit dem zusätzlichen Reiz, dass es – im Gegensatz zu den »normalen« Bilderbüchern – ein richtig dickes, sozusagen »erwachsenes« Buch ist. Fast jede der vielen Seiten hat ein Bild, auf der das Erzählte wiedergegeben ist, was für Kinder, denen das Buch vorgelesen wird, bedeutet, dass sie das Buch als solches schon kennen; wurde es öfters vorgelesen, dann ist auch schon einigermaßen bekannt, an welchen Stellen umgeblättert wird. Pu war für meine Söhne daher noch vor der Schule ein beliebtes Buch, um Lesen zu »simulieren« – die Gedichte waren auf weite Strecken auswendig bekannt, der Ablauf der Geschichten war klar, und dadurch konnten sie sich in dem Buch zitierend bewegen, als ob sie es vorlesen würden. Als dann das Lesenlernen in der Schule tatsächlich begann, erschloss sich der Text dann auch allmählich über die Buchstaben. Sicherlich ist es auf der Grundlage eines solchen Vertrautseins auch leichter als bei einem neuen, noch fremden Buch, in das tatsächliche Lesen einzusteigen.

Das letzte Kapitel des Buches ist für mich der schönste Abschnitt, ein ganz und gar würdiger Abschluss, der sich allerdings in seiner eigenen Mischung aus Melancholie und Trost nur dem erwachsenen Leser erschließt, ob er nun mit Pu großgeworden ist oder das Buch erst – ein ebenso legitimer Zugang – als Erwachsener kennen gelernt hat. Was dieses letzte Kapitel bei Erwachsenen auslösen kann, hat sein Übersetzer Harry Rowohlt beschrieben, der ja Pu nicht nur einmal – als unbedingt empfehlenswertes Hörbuch – vorgelesen hat, sondern auch immer wieder live zum Besten gibt: »Das allerletzte Kapitel von ›Pu der Bär‹ ist das 10. Kapitel von ›Pu baut ein Haus‹, es heißt ›Zehntes Kapitel, in welchem Christopher Robin und Pu an einen verzauberten Ort kommen. Und dort verlassen wir sie‹, und wenn ich es vorlese, sage ich mir immer: ›Mal sehen, wer diesmal gewinnt. Ich oder das Kapitel.‹ Wenn das Kapitel gewinnt, muss ich weinen; wenn ich gewinne, muss ich nicht weinen, und dadurch gewinnt wieder das Kapitel.«[4]

Die Phase der Kindheit, das Unbesorgte, Unbekümmerte, Unbelastete; das Frische, die Klarheit, der Zauber, alles Neue und Spannende; die Leichtigkeit und Intensität dieses Lebensabschnitts: alles ist auf der Lichtung »Gideons Nadelöhr« im Kreis der drei- oder vierundsechzig Bäume präsent, die Pu und Christopher Robin im letzten Kapitel gemeinsam aufsuchen; alles ist präsent, was wir in den Geschichten mit Christopher Robin, Pu, Ferkel, I-Ah, Känga und Ruh, Tieger, Kaninchen und Eule erlebt haben; alles ist da in diesem letzten Kapitel, in dem Christopher Robin zugleich von alldem Abschied nimmt.

Das Thema des Vollständigen, Runden und Abgeschlossenen zieht sich wie ein basso continuo durch das

[4] im Booklet zur CD

ganze Kapitel: Ein Kind schaut in Gesellschaft seines geliebten Bären auf *die Welt*:

»... sie konnten die ganze Welt sehen, wie sie sich ausbreitete, bis sie den Himmel erreichte, und alles, was es auf der ganzen Welt gab, war auch bei ihnen in Gideons Nadelöhr.« (324) »... irgendwann war Christopher Robin mit den Sachen fertig und wurde wieder still und saß nur noch da und überblickte die Welt und wünschte sich, dass es blieb, wie es war.« »Christopher Robin hatte immer noch das Kinn in die Hände gestützt und betrachtete die Welt, ...« (327) Und schließlich: »Christopher Robin hatte die Augen immer noch auf die alte Welt gerichtet und griff nach Pus Pfote.« (328) Hier auf der letzten Seite ist die Welt also zur *alten* Welt geworden: zu einer Vergangenheit, die in einer gewissen Weise zu Ende gegangen ist.

Aber es ist durchaus kein absolutes Ende; Pu und Christopher Robin gehen zwar fort. »Aber wohin sie auch gehen und was ihnen auf dem Weg dorthin auch passieren mag: An jenem verzauberten Ort ganz in der Mitte des Waldes wird ein kleiner Junge sein, und sein Bär wird bei ihm sein, und die beiden werden spielen.« Das Bild der letzten Seite: der kleine Junge und der Bär, Hand in Hand, hüpfend bewegen sie sich auf einem Stück Wiese, ein Vogel erhebt sich über ihnen in die Luft. Das Bild ist nicht wie die vorigen eine detailliert ausgeführte Zeichnung, sondern ein Schattenriss, so dass nicht erkennbar ist: Kommen sie auf uns zu? Oder gehen sie von uns weg? Jeder, der diesem Buch begegnet, mag seine eigene Antwort geben. Für mich und meine Kinder kann ich entschieden sagen, dass Christopher Robin und Pu nach wie vor auf uns zukommen, und ich kann mir kaum vorstellen, dass wir nicht auch in Zukunft immer wieder vom Zauber der ersten Zeilen eingenommen werden: »Hier kommt nun Eduard Bär die Treppe herunter.« Wie gut, dass es zumindest in Büchern kein absolutes Ende gibt, dass der Anfang vielmehr immer nur ein paar Zentimeter entfernt ist!

7 Der Vorleser: König der Welt

»Eine Woche voller Samstage« von Paul Maar

Der fünfjährige Ludwig war auffallend schüchtern. Er kannte keine Neugier, war schreckhaft, begegnete fremden Leuten mit Misstrauen. Dabei fühlte er sich auch allein nicht wohl: wenn er ungestört in seinem Zimmer saß, war wenig zu spüren von dem Glück darüber, nicht gestört zu werden und alles unter Kontrolle zu haben. Und dass durch Fernsehen und Computerspiele dieser eigenbrötlerische Veranlagung nicht beizukommen war, dass auch solche prinzipiell isolierenden Tätigkeiten die Augen des kleinen Ludwig nicht zum Leuchten brachten, das hatten auch die Eltern schon lange eingesehen.

Diesem kleinen, stillen Jungen brachte seine Patin eines Tages das erste der Sams-Bücher mit. Mit eher mäßigem Interesse schlug er das Buch auf – und blieb gleich am ersten Bild hängen, auf dem ein Erwachsener abgebildet ist, in den sich Ludwig perfekt hineinversetzen konnte: Herr Taschenbier, neben dem Sams die zweite Hauptfigur dieser genialen Kinderbuch-Reihe von Paul Maar. Nach den ersten Vorleseminuten war schon klar, dass dieses Buch für Ludwig ein echter Volltreffer war.

Ludwigs Patin hatte sich auf der Suche nach einem Buch sehr genau Gedanken gemacht über das Kind, das sie beschenken wollte. Sie wusste, dass Ludwig nicht zu den lebhaften Kindern gehört, sondern eher still ist; sie wusste, dass er lieber allein ist und wenig Freunde hat, sie hatte also eine ganz plastische Vorstellung von dem kleinen Geschichtenempfängers, den sie mit einem Buch beschenken wollte. Und sie kannte eine Buchhändlerin, bei der sie sich schon seit längerer Zeit immer wieder nach Büchern für ihren Patensohn erkundigte. Es gibt wunderbare Bibliothekarinnen und Kinderbuchhändlerinnen, die sich gern mit der Frage beschäftigen, welches Buch zu welchem Kind »passt«. Und vielleicht kann ich ja auch bei Ihnen als Mutter, Patin, Oma, Nachbarin (oder auch deren männlichen Pendants) mit meinem Kinderbuch-Buch das Interesse für Kinderbücher so weit wecken, dass Sie sich selbst in diesem Bereich umzuschauen beginnen, hin und wieder in Ihrer Bücherei oder Buchhandlung schauen, was es da an Kinderbüchern gibt, oder auch Besprechungen von Büchern in Zeitung oder Rundfunk zur Kenntnis nehmen (sehr informativ ist beispielsweise der wöchentliche Blick auf den Kinder- und Jugendbuchmarkt des Deutschlandfunks). Gerade für Patinnen, deren Amt und Aufgabe als Patin ja darin besteht, ihrem Patenkind immer wieder ein wenig beim Navigieren durch die Untiefen des Älterwerdens beizustehen, ist das eine produktive Herausforderung: das richtige Buch für ihr Patenkind zu finden, sich zu überlegen, was ihm in seinem Alter und in seiner Eigenart wohl am ehesten entgegenkäme.

Es gibt den bekannten Lichtenberg-Spruch über das hohle Geräusch, das entstehen kann, wenn ein Buch und ein Kopf zusammenstoßen. Wir wollen erstens nicht, dass die Begegnung von Kindern und Geschichten ein

Zusammenstoß wird, uns schwebt eher eine Umarmung vor; und natürlich soll es zweitens nicht hohl klingen. Um stattdessen einen Wohlklang zu erzeugen, ist es aber wichtig, beide Seiten – das Kind und das Buch – zu kennen. Schon einleitend habe ich die Mutter von »Michel aus Lönneberga« erwähnt, die den Alltag mit ihrem Sohn in Schulheften aufzuschreiben pflegte (aus denen dann, wie Astrid Lindgren erzählt, ihre wunderbaren Geschichten über Michel von Lönneberga wurden). Solche Alltagsnotizen, schnell festzuhalten in nahe (zum Beispiel in der Küchenschublade, wie bei Michels Mutter, oder auch in der Schreibtischschublade) liegenden, rasch greifbaren Schreibheften, helfen viel bei der Auswahl von Büchern und bei der Entscheidung für bestimmte Geschichten. Schon das Auswählen ist dann eine Hinwendung zu dem Kind, das beschenkt werden soll, nicht erst das Überreichen, das Vorlesen und der Austausch über das Gehörte oder Gelesene.

Nun aber zu dem Buch, um das es hier gehen soll: Heutzutage weiß fast jeder, was ein Sams ist. Das war nicht immer so. Bevor dieses Buch von Paul Maar verfilmt wurde, musste man es schon selbst lesen, um den ganz besonderen Charakter und die herausragenden Fähigkeiten, über die das Sams verfügt, kennenzulernen. Das hatte den großen Vorteil, dass die Einfühlung in die zweite Hauptperson der Sams-Bücher, nämlich in den ahnungslosen Sams-Entdecker und daher Sams-»Papa« Herrn Taschenbier, wesentlich leichter gelang: Dieser Herr Taschenbier stößt nach einer Woche, in der die Tagnamen sich zufällig akkurat mit Dingen deckten, die an diesen Tagen geschahen (Sonntag: Sonnenschein, Montag: Besuch von Herrn Mon, Dienstag: Dienst, Mittwoch in der Wochenmitte, Donner am Donnerstag und ein freier Freitag), am Samstag bei einem Spaziergang auf ein kleines, krakeelendes Wesen, das von den Passanten neugierig und ratlos begafft wird. Da im bisherigen Verlauf der Woche die Namen und die Ereignisse so auffallend zusammengepasst hatten, dass Herr Taschenbier schon den ganzen Vormittag auf die Sams-Haltigkeit des Samstages gespannt gewesen war, kann es sich bei dem kleinen frechen Kerl ja nur um ein Sams handeln. Herr Taschenbier hat das Sams gefunden, seinen Namen gewusst, und also bleibt es nach einer alten Samsregel jetzt bei ihm – allerdings weiß Herr Taschenbier außer dem Namen nichts über Samse, während das Sams nichts von Herrn Taschenbiers Ahnungslosigkeit weiß; immerhin hat er ihn ja als einziger beim Namen nennen können, und daher geht das Sams ebenso selbstverständlich wie fälschlich davon aus, dass sein »Papa« auch weiß, was ein Sams kann.

Einige seiner Eigenschaften und Fähigkeiten überwältigen Herrn Taschenbier unmittelbar nachdem er vom Sams zum Papa gemacht wurde: Das Sams ist laut und respektlos und kennt keine Furcht – Autoritäten sind ihm gleichgültig, weder das Gezeter einer ewig unzufriedenen Zimmerwirtin noch die Drohgebärden eines engstirnigen Lehrers bringen es aus der Ruhe. Es kann aus dem Stand heraus die schrägsten Gedichte voller Situationskomik machen; die Reime purzeln nur so aus ihm heraus. So wie es sich auf alles in seiner Umgebung einen Reim machen kann, so kann es buchstäblich alles aus seiner Umgebung fressen: Es stillt seinen Hunger mit

Papierkörben, Blumenvasen, Lederjacken, ist also komplett unabhängig von allem, was unsereiner als Nahrung bezeichnen würde.

Der Gipfel all dieser Eigenschaften aber, die allein schon das Sams zu einem idealen Kinderbuchhelden machen würden, ist: Es kann Wünsche erfüllen. Der Reiz der Geschichte vom Sams besteht nun darin, dass dieses merkwürdige Wesen nicht auftaucht wie der Geist aus Aladins Lampe und zu seinem Befreier sagt: Ich erfülle dir jeden Wunsch. Nein, eine ganze Woche lebt der Samsfinder Herr Taschenbier mit diesem kleinen frechen Dämon zusammen, ohne dass ihn auch nur die leiseste Ahnung von der Begabung des Wunscherfüllens anweht, mit der sein Begleiter ausgestattet ist. Und auch als Leser oder Zuhörer wird man vom Autor eben nicht über diese märchenhafte Eigenschaft aufgeklärt. Zunächst erscheint alles wie eine Marotte: Das Sams macht irgendeinen Unsinn, der Herrn Taschenbier stört: es ist laut, frisst Herrn Taschenbiers Textilien, wuselt an Orten herum, wo »sein Papa« es partout nicht brauchen kann, und es reagiert kein bisschen auf Befehle wie »Schluss jetzt!« oder: »Hör auf damit!« Auch die Aussage: »Ich will, dass du aufhörst!« zeigt keinerlei Effekt. Die schönste, weil abstruseste Aufforderung: »Willst du wohl still sein!« wird vom Sams mit einem durchdringenden Brüllgesang beantwortet: »Neiheihein, ich will nicht stille sein.« Ohne Zweifel eine ebenso klare, eindeutige wie höchst vorhersehbare Antwort auf die gestellte Frage ... Das Sams will nicht still sein, sehr laut bekommt sein Erwachsener Herr Taschenbier diese Tatsache zu hören. Und es nutzt auch nichts, dass Herr Taschenbier sagt: »Ich will, dass du ruhig bist!« Nein, das Sams tut erst in dem Moment das, was von ihm verlangt wird, als Herr Taschenbier ihm auf seine Aufforderung hin nachspricht: »Ich wünsche, dass du ruhig bist.« Und siehe da, nun wird es still …

Was bedeutet das nun? Dass das Sams auf gepflegte Ausdrucksweise, auf gewisse Umgangsformen Wert legt, indem es mit einer Aufforderung nur als Wunsch, nicht aber als gewissermaßen brutalem Willensakt konfrontiert werden möchte? »Ich wünsche, dass du still bist« klingt ohne Zweifel feiner, vornehmer, nicht zuletzt freilassender als »Ich will, dass du still bist«, oder »Willst du wohl still sein!«, ganz zu schweigen von »Sei still!« oder gar »Schnauze!« – wobei letzteres Ausdrücke sind, die Herr Taschenbier gar nicht in den Mund nehmen könnte; das ginge ihm ganz und gar gegen sein schüchternes, zurückhaltendes Wesen.

Jeder weiß, dass dem Sams Umgangsformen herzlich egal sind; jeder weiß also, dass das Sams deswegen still wird, weil es einfach alle Wünsche erfüllen kann – und sei's auch so eine Lappalie wie gesittetes Betragen, eine Eigenschaft, die man sich von einem Sams schon wünschen muss, weil Stille und Wohlverhalten nun einmal ganz und gar nicht zu seinem charakterlichen Repertoire gehören … Herr Taschenbier allerdings hält die Folgsamkeit von seinem Sams für einen Erfolg seiner erzieherischen Maßnahme; das hat zur Folge, dass er sich eben Ruhe wünscht, wenn's ihm zu laut wird, was recht schnell geschieht. Fast eine Woche lang wünscht er sich vom Sams eigentlich nur gutes Benehmen, beseitigt also praktisch lediglich Störfaktoren; und die Erfüllung der

Kleinigkeiten, die er sich sonst noch wünscht – ein Mittagessen, seine Vermieterin auf den Schrank, Urlaub vom Büro, das Sams in der Schule –, sieht er nicht in einem Zusammenhang mit dem Sams; er hält das alles für puren Zufall. Erst am letzten Tag, als das Sams schon kaum mehr Wunschpunkte im Gesicht hat und Herr Taschenbier das Verschwinden der Punkte direkt anspricht, klärt das Sams ihn auf – und ist selbst ziemlich fassungslos darüber, dass Herr Taschenbier die ganze Zeit keine Ahnung von seiner Eigenart gehabt hatte: Ein Sams hat Punkte im Gesicht, ähnlich wie Sommersprossen, allerdings blaue; diese geben Auskunft über die Anzahl an Wünschen, die das Sams noch erfüllen kann. *Was* gewünscht wird, ist ganz gleich – die *Anzahl* der Wunscherfüllungen ist allerdings begrenzt, und damit der jeweilige Samspapa nicht den Überlick verliert, verschwindet nach jedem erfüllten Wunsch ein blauer Punkt aus dem Gesicht vom Sams.

Herr Taschenbier ist vollkommen überrascht. Dass das Sams still wurde, soll »nur« deswegen geschehen sein, weil er es gewünscht hat und das Sams seine Wünsche zwangsläufig erfüllen muss? Frau Rotkohl auf dem Schrank, der ausgefallene Bürotag – alles Wunscherfüllungen? Aber auch das Sams ist fassungslos – fassungslos darüber, dass Herr Taschenbier die ganze Zeit keine Ahnung von seiner Fähigkeit hatte. Und die Leser, die Vorleser, die Zuhörer? »Ha, stell dir mal vor, das Sams kann Wünsche erfüllen! Aber das haben wir uns doch schon fast gedacht, oder? Und jetzt EENDLICH! haben die beiden gecheckt, was Sache ist!« – so ungefähr sah bei uns die Reaktion aus, als wir an der Stelle angekommen waren, wo Herr Taschenbier erfährt, dass das Sams ihm tagelang buchstäblich jeden Wunsch erfüllt hat, und wo das Sams erfährt, dass Herr Taschenbier nicht nur am Anfang keine Ahnung von Samsen hatte, sondern auch tatsächlich nach den ganzen langen Tagen mit dem Sams nichts von seiner überragenden Begabung bemerkt hat …

Diese Stelle im Buch, wo sich das Rätsel für die Hauptpersonen und ihre Leser aufklärt, ist so ein süchtig machender Glanzpunkt für Leser und alle, die es werden oder auch den Lese-Funken weitergeben wollen: wie im Gebirge, wo man eine Landschaft lange nur ahnte oder in einzelnen Ausschnitten zu sehen bekam, wenn sich dann endlich hinter einer Hügelkuppe plötzlich das gesamte Panorama im Überblick öffnet. So gibt der Autor ja schon zuvor Hinweise auf die Eigenart vom Sams; die kuriose Verschränkung der Ahnungslosigkeiten vom Sams und von Herrn Taschenbier wird schon stellenweise als solche vorgeführt. Paul Maar setzt also seine Leser von Anfang an sachte auf die richtige Spur – aber eben doch so dosiert, dass für den Moment der wirklichen Aufklärung noch ausreichend Witz und Lachen und Staunen übrig bleibt.

Da die Lektüre (jedenfalls die erste) der Sams-Bücher von Paul Maar zumeist in das erste oder zweite Schuljahr fallen dürfte, also in die Zeit, in der das Lesen gelernt wird und die neue Fähigkeit mit entsprechendem Material »gefüttert« werden möchte, können wir uns jetzt beim gegebenen Anlass mit unseren Zuhörern ja auch einmal darüber unterhalten, wie viel Spaß es macht, solche Enthüllungsszenen, in denen sich mit einem Schlag alles Vorige erklärt und ordnet, nicht nur zu lesen und vorgelesen zu bekommen, sondern vor allem auch selbst anderen vorzulesen. Der Vorleser gerade solcher Gelenkstellen ist ja in einer besonders privilegierten Situation: er ist derjenige, der die Souveränität, den Weitblick, das Geschick des Autors im Knotenschürzen und -auflösen an die Zuhörer vermittelt. Wenn ein Kind, das vorliest, diese Vermittler-Rolle einnimmt, also selbst anderen vorliest, dann kann es hineinschlüpfen in dieses imposante Gewand des Souveränen, Geschickten, Weitblickenden. Aus seinem Alltag kennt unser kleiner Vorleser diesen Standpunkt bisher nur von außen; normalerweise ist das die Mutter oder der Vater, Lehrer oder Lehrerin, die neue Zusammenhänge herstellen, neue Perspektiven eröffnen. Beim Vorlesen aber kann das Kind sich selbst an diesen Ort stellen, und vor allem wenn es das Buch schon kennt, dann wird es auch die heimliche Vorfreude am Wissensvorsprung spüren, dieses Gefühl auf Seite 136: Oh, jetzt kommt gleich der Knackpunkt in der Geschichte, jetzt geht's gleich richtig ab, ihr werdet vielleicht staunen!

Aber kehren wir zurück zur Geschichte selbst. Wie kommt es, dass jemand eine Woche lang jeden Wunsch erfüllt bekommt, ohne es zu merken? Herr Taschenbier hat ja durchaus Wünsche, die er auch äußert, aber er ist nicht in der Lage, eine Verbindung zwischen seinen Wünschen und den darauf folgenden Ereignissen herzustellen; er ist unfähig zu denken, dass etwas deshalb geschieht, weil er es sich gewünscht hat. Sogar als das Sams ihm am letzten Tag die Zusammenhänge zwischen Wunsch und Wirklichkeit aufzuzeigen versucht, hält er alles so lange für Zufall, bis er durch einen vollkommen irrwitzigen Wunsch und dessen prompte Erfüllung, die die beiden natürlich ziemlich in die Bredouille bringt, überzeugt wird, dass die Behauptungen seines kleinen Begleiters in der Tat der reinen Wahrheit entsprachen.

Dass Herr Taschenbier nicht glauben kann, dass seine Wünsche in Erfülllung gehen, liegt an seinem Charakter: Er hat nur ein äußerst dürftig ausgebildetes Selbstbewusstsein, ist ängstlich, menschenscheu, ein Weltmeister im Verzagen, davon überzeugt, kein Recht auf Glück zu haben. Mit diesen Wesenszügen und der sich daraus ergebenden großen Schwierigkeit, die er mit der Vorstellung hat, dass sich die Realität nach seinen Wünschen gestalten lässt, kommen wir an den Weisheitskern dieses Buches heran: Was erschließt sich unseren kleinen Zuhörern oder auch schon nicht mehr so kleinen Selberlesern, falls sie charakterlich »ähnlich gestrickt« sind wie Herr Taschenbier, für ihr Verhältnis zu ihrer Wirklichkeit aus der Sams-Geschichte? Ich halte es gerade bei diesem Buch für wirklich sinnvoll, neben dem Vergnügen, das die Lektüre selbst mit sich bringt, mit unserem Kind über dieses Wirklichkeitsverhältnis ins Gespräch zu kommen:

Herr Taschenbier ist ein stiller, versonnener Mensch, einer, der im Zusammensein mit anderen eher am Rand steht und beobachtet, statt in der Mitte mitzumischen. Er ordnet sich zwar nicht zufrieden, aber doch widerspruchslos den Menschen unter, die resoluter sind als er und ihre Ansprüche entsprechend formulieren können. Dass sein Leben froher, bunter, erfüllter sein könnte, vermag er sich gar nicht vorzustellen; er begegnet seiner Umwelt mit Skepsis, Resignation und Angst. Dabei fühlt er sich nicht mal in besonderem Maße unglücklich – er hat sich mit der Glanzlosigkeit seines Lebens abgefunden, versucht den teilweise empörenden Ansinnen seiner Vermieterin, den schikanösen Aufträgen seines Chefs so gut es geht gerecht zu werden, und nichts ist ihm ärger als irgendwo durch Lautstärke oder sonstige Exaltiertheiten unangenehm aufzufallen. Die Bilder zeigen dieses geduckte Leben mit hochgezogenen Schultern und das Unglück, das es für einen Menschen selbst dann noch bedeutet, wenn er sich damit abgefunden hat, teilweise klarer als der Text selber: zwar treu und redlich (im Sinne des Kreuzstichspruchs an seiner Wand), aber ohne das geringste Fünkchen an Begeisterung sitzt Herr Taschenbier auf dem ersten Bild des Buchs auf seinem Stuhl, untätig, verzagt; offenbar ist das einzige, was an diesem Samstagvormittag geschieht, die Tatsache, dass er von seiner barschen, besenschwingenden Vermieterin herumgeschoben wird wie ein Möbelstück. Ab und zu nimmt in dieser Geschichte die Daseinsangst, die Herrn Taschenbiers Leben verdunkelt, geradezu bizarre Züge an; und doch leidet auch er selbst darunter. Und spätestens in dem Moment, wo er sich – definitiv, wie er glaubt – von dem lauten, vor Selbstbewusstsein strotzenden Sams getrennt hat, zeigt die Abbildung (S. 43) ganz ohne komische Beiklänge das nackte Elend, in das sich Herr Taschenbier mit seiner resignativen Grundhaltung hineingelebt hat.

Solch eine Selbstwahrnehmung, die von der Grundüberzeugung geprägt ist, dass Glück oder Gelingen ein völlig unerreichbarer Planet ist, dass immer nur die anderen stark und erfolgreich sind, ist für ein Kind eine schwere Bürde. Was im Alltag kann unserem kleinen

Skeptiker helfen, seinen Außenposten der Selbstverkleinerung und Verzagtheit hin und wieder und immer häufiger aufzugeben?

Das Allerwichtigste ist wohl ein Freund, ein Begleiter, ein Wesen, das fähig ist, den Blick vom erwarteten Scheitern auf das ebenso wahrscheinliche und sicher auch stattfindende Gelingen umzulenken. Denn das ist ja das eigentliche Handicap des Herrn Taschenbier: Dass er nicht sehen kann, in welchem Ausmaß seine Realität von Wunscherfüllungen durchdrungen ist. Die Wünsche, die ihm das Sams erfüllt, setzt Herr Taschenbier schon in dem Moment, da er sie ausgesprochen hat, nicht mehr in Beziehung zu sich; seine Resignation und Verzagtheit verstellen ihm den Blick auf den Zusammenhang zwischen seinem Wunsch und der daraufhin eingetretenen Realität. Dass seine Vermieterin auf dem Schrank sitzt und nicht mehr herunterkann, ganz genau so, wie er es sich nicht einmal eine Minute zuvor gewünscht hat, erstaunt ihn nicht, weil er seinen Wunsch, insofern als es sein Wunsch war, umgehend vergessen hat. Und irgendwo ist es ja auch typisch für ihn, dass er sich, um die Wunscherfüllungskapazität vom Sams zu testen, nicht etwas außerordentlich, überwirklich und unwahrscheinlich Tolles wünscht wie etwa entspannt am Meer einen Sonnenuntergang betrachten zu können, eine gesellige Tafelei mit Freunden, eine abenteuerliche Wanderung im Gebirge; sein Testfeld ist vielmehr arktische Kälte, Schnee und Eis gleich hier in seinem Zimmer. Auch das zeigt deutlich, in welche Richtung die Phantasie von Herr Taschenbier unwillkürlich geht: sie zielt auf Unwirtlichkeit und Isolation, auf eine bedrohliche Welt, in der der einzelne nur mit Mühe und Not (oder einem Sams ...) überleben kann.

Nun hat Herr Taschenbier aber glücklicherweise sein Sams gefunden, und falls wir einen kleinen Zuhörer oder Leser haben, der auch eine so mutlose Weltsicht hat, dann können wir zusammen das Sams-Buch erfahren und mit diesem erleben, wie wichtig das Wünschen ist und wie produktiv es sein kann, die Verbindung zwischen Wunsch und Wirklichkeit ernst zu nehmen (oder, wie Ernst Bloch es so schön formuliert hat: ins Gelingen verliebt zu sein). Gibt es im Alltag nicht ähnliche Lichtblicke wie die Vermieterin auf dem Schrank oder ein Mittagessen, das ganz genau die gewünschte Menüfolge hat? Stellen wir uns als Mutter, Vater, Freund eines so zaghaften kleinen Wesens doch mal vor, wir hätten ein Stückweit die Power und den Humor von einem Sams, damit wir unserem Kind vermitteln können, dass nicht alles so grau und aussichtslos ist, wie es das immer meint. Natürlich können wir als Eltern in einem gewissen Ausmaß auch Wunscherfüller sein (was unserem Kind sicher hin und wieder auch helfen kann, um ein wenig mehr Stabilität zu erfahren) – viel wichtiger aber ist es, das Kind für das zu sensibilisieren, was in seinem Alltag auch ohne unsere Hilfe, vielmehr weil es selbst stark und fähig ist, gut läuft: das geschieht am besten dadurch, dass wir es loben für gelungene Aktionen, das Scheitern ruhig auch immer wieder mit Schweigen übergehen und womöglich einfach auch mal den Alltag gemeinsam daraufhin anschauen, was darin wir als Wunscherfüllung ansehen können: vom ersten Schnee, von der vielversprechenden Begegnung mit einem neu zugezogenen Nachbarskind, über ein frisch bezogenes Bett bis hin zu einem richtig gut gelungenen Bild. (Solche Gespräche übers Lesen und übers Leben kann man nach meiner Erfahrung übrigens mit am besten bei gemeinsamen Spaziergängen führen.) Es ist wichtig, dem Kind zu vermitteln, dass es neben allem Schweren auch Grund hat, sich in seiner Welt wohl zu fühlen, und dass es durchaus die Möglichkeit und Fähigkeit hat, aktiv mit Aussicht auf Erfolg in das Geschehen einzugreifen.

Mutlosen, verzagten Kindern mit einer Prise Sams-Geist zur Seite stehen, das bedeutet nun aber nicht zuletzt: einen Weg zum Lachen finden. Nicht nur das Wünschen wird ja durch die Angst schwer oder unmöglich, sondern auch das Lachen. Eine der ganz zentralen Sams-Weisheiten lautet: »Man lacht hier!« Diese Wahrheit sagt das Sams dem grässlich strengen, autoritäten Oberlehrer Herrn Groll direkt ins Gesicht, und schon wenig später ist diese Autorität restlos demontiert. Vielleicht können wir unserem Kind ein wenig von der Sorglosigkeit vermitteln, die Paul Maar in dieser Geschichte vorführt, können ihm mit Hilfe der Geschichte zeigen, wie sehr die Autorität der einen oft nur auf der Mutlosigkeit und dem Pessimismus der anderen aufbaut.

Ein erster großer, konstruktiver Schritt in diese Richtung ist einfach die Lektüre eines so witz-gesättigten Kinderbuches wie dem Sams, und ausdrücklich möchte ich hier nochmals auf das Vorlesen zurückkommen, das bereits oben erwähnt wurde: Es färbt nicht zuletzt auf das Selbstbewusstsein des Kindes ab, wenn es in der vermittelnden Rolle des Vorleser auftreten und damit die Souveränität, das Geschick und den Weitblick des Autors weitervermitteln kann; außerdem gibt es viele Stellen in diesem Buch, die geradezu für hochkomische Vorlese-Performances komponiert zu sein scheinen. An erster Stelle denke ich an eine Passage gegen Ende des Buchs, wo Herr Taschenbier endlich kapiert hat, was ihm mit dem Sams an der Seite nun alles möglich ist, und er sich vom Sams für die Konfrontation mit seiner wieder mal höchst zorngeladenen Zimmerwirtin Frau Rotkohl wünscht, dass sie doch bitteschön immer das Gegenteil von dem sagen soll, was sie eigentlich sagen will. Frau Rotkohl wird also per Wunsch dazu gezwungen, Artigkeiten von sich zu geben, die das genaue Gegenteil zu dem sind, was ihr Zorn ihr eingibt:

Anstatt ihn zu beschimpfen und ihm Vorwürfe zu machen, weil er, um eine Gardinenstange zu reparieren, auf einem ihrer Stühle steht, statt ihm sein Zimmer zu kündigen, weil das Sams sich so unmöglich aufführt – statt all dieser Unfreundlichkeiten und Schimpfereien macht sie Herrn Taschenbier Komplimente über sein nettes Wesen, bezeichnet die Renovierung ihres Stuhls als überfällig, will gar noch ein paar neue Gardinen als Dreingabe hinzufügen, und das Sams stellt sie als das artigste und ruhigste Kind dar, das sie je erlebt habe. Statt, wie sie es eigentlich vorhatte, Herrn Taschenbier wegen seinem lautstarken Zimmergenossen zu kündigen, erlässt sie ihm großzügig die Miete um 30 Mark. Das, *was* sie sagt, ist also komplett vom Wunsch des Herrn Taschenbier gesteuert – *wie* sie es sagt, das bringt allerdings deutlicher als alle Worte zum Ausdruck, was sie eigentlich meint: All ihre Höflichkeiten und zuvorkommenden Angebote schreit sie mit zornrotem Gesicht heraus, »die Arme in die Hüften gestemmt« (S. 146), wie bisher in jeder Begegnung mit Herrn Taschenbier ganz die herrische, selbstgerechte Vermieterin.

Diese Kluft zwischen dem Inhalt und dem Tonfall ihrer Rede kommt natürlich beim Vorlesen unvergleichlich viel besser zum Ausdruck als beim Selberlesen; die Szene bleibt auch bei wiederholtem Lesen ein garantierter Lacher, und meinen Kindern hat es auch großen Spaß gemacht, den Widerspruch zwischen Tonfall und Inhalt nachzuspielen, ihn in Alltagssituationen sinngemäß variierend einzusetzen, ja sogar auch einmal umgekehrt die unflätigsten Beschimpfungen in artigstem Tonfall zu äußern, was mindestens genauso effektvoll ist.

Der spielerische Umgang mit Sprache ist ein ganz wesentlicher Impuls dieses Buchs, der sich durch das Vorlesen recht einfach und effektvoll in die kindliche Alltagswelt hinüberholen lässt. Wir bekommen vom Sams ja sogar (am Mittwoch auf S. 100ff.) geradezu eine Schulstunde lang Dicht-Unterricht; auch die hier ausgeübte Methode, gemeinsam mit andern auf der Spur von Reimen eine Geschichte zu erfinden, kann ohne weiteres übernommen werden: als witziges Element in einem Kindergeburtstagsnachmittag, oder auch wenn wir zusammen unterwegs sind, beim Spazierengehen, bei einer Bahnfahrt, um Wartesituationen zu verkürzen.

Was sich reimt, zeigt überraschende Zusammengehörigkeit und die Bereitschaft, sich in eine Ordnung zu fügen, die der Reimer und die Reimerin selbst findet und vorgibt; von daher passt auch die fulminante Reimbegabung des Sams großartig zu seiner zweiten Fähigkeit, nämlich alles, wirklich gar alles aufessen zu können. Das

Sams macht sich auf alles einen Reim, so wie es sich alles einverleiben kann:

Knabberstangen,
Klapperschlangen,
Blumenvasen,
Teppichrasen,
Möbelbeine,
Mauersteine,
Jackenkragen,
Kinderwagen,
Taschentuch und Hut
Schmecken mir so gut. (S. 42)

Daher empfehle ich als sicheres Mittel gegen Mutlosigkeit die Lektüre dieses Buches, das Vergnügen, es anderen vorzulesen, das eigene Weiterexperimentieren mit den vom Sams vorgeführten Sprach-Spiel-Impulsen – steigen Sie mit Ihren Kindern in die Samswelt ein, sicher werden auch Sie die Geschichten und ihre Figuren bald zum Fressen gern haben.

8 Über Abgründe

»Ronja Räubertochter« von Astrid Lindgren

Als ich dieses Buch über Kinderbücher schrieb und mir Gedanken darüber machte, für wen ich schreibe und in welcher Situation mein Buch die Leserin oder den Leser wohl antreffen mag, da malte ich mir auch immer wieder aus, wie gut, erholsam und in vielerlei Hinsicht produktiv es für schwangere Frauen sein könnte, Kinderbücher zu lesen. Vor allem wenn Sie Ihr erstes Kind erwarten: Füllen Sie doch die Wartezeit für Sie beide mit ausgesuchten Kinderbüchern, und greifen Sie ruhig auch altersmäßig schon ein wenig höher: Begeben Sie sich nicht nur in die Bücherwelt der ersten Lebensjahre, sondern auch in die Welt des Buches, das ich jetzt ansprechen möchte. Es beginnt mit einer wahrhaft spektakulären Geburt und stellt eine großartige Mutter vor: Lovis, die Mutter von »Ronja Räubertochter«.

»Ronja Räubertochter« ist wieder ein Buch, von dem Erwachsene genau so viel profitieren können wie Kinder – profitieren, insofern sie einen wunderbaren Blick auf Kindheit kennenlernen, auf den Reichtum und Glanz der Kindheit, aber auch auf die Gefährdungen, denen Kindheit ausgesetzt ist.

Reichtum und Glanz der Kindheit: das war immer Astrid Lindgrens Zentralthema; ihr gesamtes Werk besteht darin, diesen Glanz in seiner ganzen Strahlkraft für alle, Große und Kleine unterschiedslos, zum Vorschein zu bringen. Für mich war nicht nur die Lektüre ihrer Bücher immer – bereits in der Zeit der vorgelesenen Geschichten, vor allem aber seit ich selbst las – eine Zeit großen Glücks. Es ist auch heute, beim Wiederlesen, mit ihren Geschichten am meisten eigenes Kindheitsaroma verknüpft: Nicht nur Erinnerungen an die einzelnen Episoden der Bücher werden wieder lebendig, sondern auch an die Orte, an denen ich ihre Bücher gelesen habe, sei es nun zu Hause oder unterwegs.

Aber nicht nur der Glanz, sondern auch die Abgründe der Kindheit sind in den Büchern Astrid Lindgrens gegenwärtig: die Gefährdungen, die wohl gar nicht zu umgehen sind; all das Negative und Schwere der Kindheit wie Streit, Unverständnis, Irrtümer, Feindschaft und Vorurteile. Vieles der dunklen Seiten der Kindheit wird in der Welt der Erwachsenen angestoßen – in »Ronja Räubertochter« ist es die Fehde zwischen den beiden Räuberbanden von Mattis und Borka, die die Freundschaft zwischen Ronja, der Tochter von Mattis, und Borkas Sohn Birk überschattet. Aber auch die Freundschaft der beiden Kinder selbst ist in sich nicht frei von dunklen Seiten, die mit den Streitereien der Erwachsenen gar nicht unbedingt zu tun haben.

Da dieses Buch aber Sie als Erwachsene für Kinderbücher gewinnen möchte, fange ich meinen Streifzug durch Ronjas Welt mit ihrer Mutter Lovis an, einer der sympathischsten literarischen Frauengestalten überhaupt, einer Gestalt zumal, die wohl viel von ihrer Autorin und deren Blick auf Kinder und Erwachsene in sich trägt.

Was Lovis vor allem auszeichnet, ist ihr unerschütterliches Selbstbewusstsein, das sich gleich am Anfang der Geschichte eindrucksvoll zeigt: Mitten in einer Gewitternacht, als es um die Burg herum tost und stürmt, blitzt und donnert, bringt sie ihre Tochter Ronja zur Welt, singend, weil es dann leichter geht (vgl. S. 5); ihr Mann Mattis, der Räuberhauptmann, sorgt auf ihren Befehl hin zumindest unter den seine Burg umschwirrenden Geistern für Ruhe, damit Lovis ihr Lied, das ihre Tochter begrüßen soll, auch hören kann. Mattis ist außer sich vor Glück über die Geburt – er tanzt, er prahlt, er schreit vor Freude –, während seine Frau Lovis geradezu stoische Ruhe bewahrt; ihr erster Auftritt im Kreis der Räuber mit ihrer neugeborenen Tochter im Arm strahlt eine geradezu klassische Würde und Ruhe aus, auch in der Formulierung: »Und über die hohe Schwelle schritt Lovis mit ihrem Kind im Arm.« (S. 6)

Es ist faszinierend, wie hier eine eigentlich von ihrem Wesen her doch recht bedrohlich wirkende Ansammlung von Männern (immerhin handelt es sich um Räuber!) von einem Moment zum anderen gewissermaßen in eine Statistengruppe verwandelt wird, die sich den Gesetzen der einzigen Frau bedingungslos unterwerfen. Keiner – am wenigsten der Räuberhauptmann und Vater Mattis – wagt es, das für Räuberkreise offensichtlich Unzweckmäßige anzusprechen, das die Geburt eines Mädchens ja nun einmal mit sich bringt. Nein, es steht fest: ein Mädchen – eine Ronja! – ist das, was Lovis wollte, und insofern ist ein Mädchen auch genau das Richtige: »Wenn ich beschlossen habe, dass mein Kind Ronja heißt, dann wird es auch eine Ronja.« Sagt Lovis »ruhig und streng« (S. 7). Aller Gefühlsüberschwang, die Ekstase der Freude ist ganz auf der Seite des Vaters Mattis – das reicht von überströmender Liebe über Prahlerei bis hin zur Schmähung seines Feindes Borka, Hauptmann der konkurrierenden Räuberbande, der – da ist sich Mattis sicher – noch kein Kind zustande gebracht hat und also mit seiner ganzen Sippe schnurstracks zum Donnerdrummel (S. 10) fahren soll.

Im Moment dieses Fluchs – der durchaus ein substanzieller Bestandteil von Mattis' Freude über die Geburt seines Kindes ist – spaltet sich der Berg aufgrund eines Erdstoßes mitsamt der auf ihm stehenden Räuberburg in zwei Hälften. Die einzige, die in diesem ungeheuerlichen Getöse ruhig bleibt, ist selbstverständlich Lovis – was bedeutet, dass auch ihre Tochter Ronja wegen dieser Erschütterung nicht lang wimmern muss: »Lovis stand ganz gelassen da. Sie nahm Mattis das Kind weg und legte es an ihre Brust und dann gab es kein Wimmern mehr.« (S. 11)

Das ist Lovis bei ihrem ersten Auftritt: Sie erscheint wie ein Fels in der Brandung der ungestümen Räuber und des gräulichen Ungewitters. Auch die Kindheit ihrer Tochter begleitet sie mit ihrer Ruhe und Beständigkeit: sie kümmert sich um die Tiere, um die Burg, um das Wohlergehen aller, die zu ihrer Familie gehören; sie ist die Heilkundige, die für jeden Schmerz die richtige Linderung kennt; sie bestimmt den Tagesablauf bis hinein in den Abend, wenn sie als Beschluss des Tages nicht nur für ihr Kind, sondern auch für ihren Mann und seine Räuberbande das »Wolfslied« singt.

Mattis, ihr Mann, ist völlig anders geartet: Exaltiert, aufbrausend, launisch bis zur Unbeherrschtheit. Der Grundton seines Lebens ist bestimmt von der Feindschaft zwischen den Mattis- und den Borkaräubern; es gibt in seiner Erfahrungswelt nicht ein Winkelchen, in das die Fehde nicht hineinreicht. Von Anfang an lässt er keine Gelegenheit aus, seinen Feind zu schmähen; es gehört geradezu substanziell zum Jubel über die Geburt seiner Tochter, dass er seinem Intimfeind einen verbalen Hieb versetzt: »Da wird sich Borka die Pest an den Hals ärgern ... Soll er doch ruhig in seiner Räuberhöhle hocken und vor Neid mit den Zähnen knirschen. Ja, potz Pestilenz, das gibt ein Heulen und Zähneklappern, dass sich alle Wilddruden und Graugnomen im Borkawald die Ohren zuhalten müssen, glaubt mir!« (S. 10)

Das Glück über den ausgemalten, phantasierten – und irrealen: schließlich bekommt Borka grad in derselben Nacht seinen Sohn Birk – Neid seines Feindes ist ein unablösbarer Bestandteil seiner Vaterfreude. Diese Streithahn-Gockeleien, mit denen nicht nur Mattis, sondern auch sein Intimfeind Borka, und die Räuber ihrer Gefolgschaft natürlich sowieso, sich ständig aufbrezeln, erscheinen in dieser Geschichte als doch recht typisch männlich: Ein richtiger Feind liefert immer wieder und täglich neu Anlässe dafür, sich in seiner ganzen Männlichkeit aufzuplustern, allen ganz mit Nachdruck vorzuführen, was für ein toller Kerl man doch ist.

Lovis ihrerseits nimmt auch das mit Gelassenheit. Auf dem Höhepunkt von Mattis' Wut über Borka, der sich in der Mattisburg eingenistet hat, stellt Lovis ihrem tobenden Ehemann einen Korb Eier zum Zertrümmern hin, nicht ohne ihn streng dazu aufzufordern, die Sauerei hinterher gefälligst eigenhändig ordentlich wieder zu beseitigen ...

Was Lovis allerdings zunächst nicht verhindern kann, ist die Tatsache, dass ihre kleine Tochter in das Feindschaftsmuster, das von Mattis ständig vorgeführt wird, völlig fraglos hineinwächst. Das ist natürlich bei der dominanten Penetranz, mit der Vater Mattis Tag für Tag den Konflikt zwischen seinen eigenen und den Borkaräubern zelebriert, gar nicht anders zu erwarten, denn das Schmähen gehört zur Alltagskommunikation in Ronjas Familie. Da Ronja die Borkasippe nur von diesem einseitigen Hörensagen kennt, und weil ihr geliebter Vater es sagt, warum sollte es dann nicht stimmen? Und so wird es ihr in ihren ersten Jahren zu einer unerschütterlich-felsenfesten Gewissheit, dass Mattis und seine Räuber mutige, gute und starke Männer sind, wohingegen der Hundsfott Borka und seine Räuber eine Bande von Hosenschissern sind, die allesamt zum Donnerdrummel fahren sollen – mit einem Furz. (Ja, es wird sehr drastisch geschmäht in diesem Buch!) Ronja weiß als Kind genau: Wo sie ist, da sind die Guten, und die andern sind »›Hosenschisser, die ganze Rotte‹ ... Ein Glück, dass die Mattisräuber so viel besser sind, dachte Ronja. Sie sah ihnen zu, wie sie da an ihrer langen Tafel saßen und ihre Suppe schlürften. Bärtig waren sie und schmutzig und streitsüchtig und wild. Doch keiner sollte kommen und sie Hosenschisser nennen! ... sie alle waren ihre Freunde und würden für sie durch Feuer und Wasser gehen, das wusste sie.« (S. 27)

Die Beschränktheit, die für Ronja aus diesem Feindschaftsmuster entsteht, das ihr von ihrem Vater und seinen Räubern fraglos und selbstverständlich weitergegeben wird, steht nun aber in einem geradezu bestürzenden Kontrast zu der Offenheit, mit der Ronja die Welt um sich herum erkundet. Dieser ganz und gar offene Aufbruch zur Entdeckung der Welt, in dem Entdecken und Glück eine unauflösliche Einheit bilden, gehört, so meine ich, zum Berührendsten, was über Kindheit geschrieben wurde. Ronja hat von ihrem Vater ein paar knappe Hinweise erhalten: Hüte dich vor den Wilddruden und den Graugnomen und den Borkaräubern – und dann hütest du dich davor, dich im Wald zu verirren – und dann hütest du dich davor, in den Fluss zu plumpsen – und dann hütest du dich davor, in den Höllenschlund zu fallen ... Ansonsten hat sie alle Freiheit der Welt, die Gegend um die Burg herum zu erkunden, und sie ist hingerissen: von der Größe ihrer Welt, vom Fluss, von den Wäldern, von den Seerosen auf dem Waldweiher, von den Bäumen und den Tannenzapfen, von der Sonne, vom Abend und von den Sternen. Sie sieht – sie staunt – sie lacht. Jede neue Entdeckung wird beendet mit dem schönen Satz: Und sie lachte leise, weil es sie (den Fluss – die Bäume – den Weiher – die Blumen – die Tannenzapfen – das Moos) gab. (vgl. S. 19–32)

Eine ganz besondere Spezialität dieser wunderbaren Welterkundung ist der Umgang mit der Angst: Da eine bestimmte Koboldart im Wald Angst wittert und erst dann wirklich gefährlich wird, wenn man sich ängstlich zeigt, ist es, so erklärt Lovis ihrer Tochter, am sichersten, wenn man sich nicht fürchtet. Also beginnt Ronja mit einem Trainingsprogramm, das die Forderung ihres Vaters, sich vor allem Gefährlichen zu hüten, und die ihrer

Mutter, nämlich sich nicht zu fürchten, miteinander in genialer Weise kombiniert.

Furchtlosigkeit und Vorsicht stehen ja nun einerseits in einem gewissen Spannungsverhältnis zueinander; andererseits gehört beides dennoch sicher zu den Grundlagen in vielen elterlichen Erziehungsprogrammen, daher möchte ich Ronjas ureigene Form von Gehorsam gegenüber ihren beiden Eltern hier ausführlich zitieren:

»... während der folgenden Tage tat Ronja nichts anderes, als dass sie sich vor allem Gefährlichen hütete und sich darin übte, keine Angst zu haben. In den Fluss zu plumpsen, davor sollte sie sich hüten, hatte Mattis gesagt, und darum sprang sie am Ufer kühn und keck von einem glatten Stein zum anderen, dort wo das Wasser am wildesten toste. *Schließlich konnte sie sich ja nicht im Wald davor hüten, in den Fluss zu plumpsen.* Sollte das Sich-Hüten überhaupt von Nutzen sein, dann musste sie es bei den Stromschnellen und Strudeln und nirgendwo sonst üben. Wollte sie aber zu den Stromschnellen gelangen, musste sie den Mattisberg hinabkletttern, der jäh und schroff zum Fluss hin abfiel. Auf diese Weise konnte sie sich gleichzeitig darin üben, sich auch davor nicht zu fürchten. Beim ersten Mal war es schwer, da packte sie eine solche Angst, dass sie die Augen zumachen musste. Doch nach und nach wurde sie immer wagemutiger und bald kannte sie alle Spalten und Ritzen, wo ihre Füße Halt fanden und sie sich mit den Zehen festkrallen konnte, damit sie nicht rücklings in den Fluss stürzte.

Welch ein Glück, dachte sie, dass ich eine Stelle gefunden habe, wo ich mich davor hüten kann, in den Fluss zu plumpsen, und mich gleichzeitig üben kann, keine Angst zu haben!

So vergingen ihre Tage. Ronja hütete sich und übte eifriger, als Mattis und Lovis ahnten, und schließlich wurde sie so geschmeidig und stark und furchtlos wie ein gesundes kleines Tier. Sie fürchtete sich weder vor den Graugnomen noch vor den Wilddruden, weder davor, sich im Wald zu verirren, noch in den Fluss zu fallen. Aber noch hatte sie nicht damit begonnen, sich vor dem Höllenschlund zu hüten, doch das wollte sie bald tun.« (S. 24f. – Hervorhebung von mir, SH)

Sich hüten, ohne Angst zu haben – natürlich ist das erst möglich, wenn man die Dinge genau kennt, vor denen man sich hüten soll, denn sonst ist Vorsicht ja nichts anderes als Furcht, Furcht vor dem Unbekannten. In diesem Sinn arbeitet sich Ronja also mit größtem Eifer in ihre Welt hinein, die ihr (zugegeben geschichtenspezifisch) offen und einladend entgegenkommt. Gleichzeitig mit dieser »Einarbeitung« lernt sie ihre Umgebung immer genauer kennen, ihre Angst ist daher immer unnötiger, und ihr Mut nimmt parallel mit ihren Kenntnissen zu.

Ist das nicht eine überzeugende Art des Lernens, die wir uns für unsere Kinder nur wünschen können? Wie sie angstfrei ihren Horizont erweitern – es ist ein Prozess, der, so sieht es jedenfalls Astrid Lindgren, in den Kindern angelegt ist und den wir als Eltern am besten begleiten können, wenn wir, wie Lovis und Mattis, die Kinder optimistisch freigeben. Was ja nicht gleich so weit gehen muss, dass sie wie Ronja den ganzen Tag allein draußen herumstromern. Es wäre schon viel gewonnen, wenn wir als Eltern uns über die einengende Wirkung unserer Sorgen klar werden und realisieren, wie wenig unseren Kindern letztlich damit gedient ist, sie vor irgendwelchen Erfahrungen abzuschirmen, um ihnen ein Versagen zu ersparen, das möglicherweise ein bloßes Hirngespinst ist. Die Kinder freilassen, wo immer es möglich ist – lieber einmal zu viel als einmal zu wenig – in der optimistischen Grundhaltung, dass die kindliche Entwicklung einen guten Gang nehmen wird, das erzieht die Kinder nicht nur zu Weltoffenheit, sondern macht sie auch mutig und zuversichtlich.

Dass dieses Freilassen eine Frage des Alters ist, versteht sich von selbst: Ronja beginnt mit ihrer Weltentdeckung außerhalb der Mattisburg im Alter von ungefähr neun Jahren. Beginnen sollte man mit dem Prozess des Loslassens wohl ab der Einschulung wirklich konsequent, wobei natürlich außer Frage steht, dass der gesamte Erziehungsprozess vom ersten Tag an auch im Loslassen der Kinder besteht, nach dem bekannten Spruch von Khalil Gibran: Sind eure Kinder klein, dann gebt ihnen Wurzeln, werden sie größer, gebt ihnen Flügel. Während im Kleinkindalter die Abhängigkeit von der elterlichen Umsicht noch sehr weit geht, sollte spätestens ab dem sechsten Lebensjahr der Blick von den Wurzeln zunehmend auf die Flügel verlagert werden, und spätestens im Ronja-Alter ist wohl damit zu rechnen, dass die eine oder andere kindliche Wurzel ihren Platz nicht mehr im Boden des Elternhauses, sondern an einer anderen Stelle findet. Diesen Verlauf nimmt ja nun auch die Geschichte der Räubertochter, als sich ihre Bekanntschaft mit dem Borka-Sohn Birk anbahnt:

Das große Projekt, sich vor dem *Höllenschlund* zu hüten, wollte sie als nächstes angehen. Wieder handelt sie gemäß ihrer Maxime, sich in kleinen Schritten den Dingen zu nähern, vor denen sie sich fürchtet (»Schließlich konnte sie sich ja nicht im Wald davor hüten, in den Fluss zu plumpsen«, s.o.), also geht sie zu dem Abgrund im Fels, der sich in der Nacht ihrer Geburt geöffnet hat, und erkundet seine Tiefe zunächst mit einem Stein, den sie hinunterfallen lässt. Ein tiefer Schlund, in der Tat, man hat allen Grund, sich zu hüten. Der Spalt im Fels ist zwar sehr tief, aber nicht breit. Was also liegt näher für Ronjas Furchtlosigkeits- und Vorsichtstraining als der Gedanke, ob es nicht möglich wäre hinüberzuspringen? Bevor sie diesen Gedanken nun aber in die Tat umsetzen kann, entdeckt sie auf der anderen Seite der Schlucht etwas Neues, einen Unbekannten: Ein Junge sitzt da »… und er baumelte mit den Füßen über dem Höllenschlund« (S. 32). So wie bei allem Neuen, das Ronja in ihrem Leben bislang entdeckt hat, reagiert sie auch hier: »Ronja schaute ihn sich an, wie er dort saß, und sie lachte leise, weil es ihn gab.« (ebd.)

Das Entzücken über die neue Bekanntschaft währt hier aber im Gegensatz zu all ihren bisherigen Erfahrungen gar nicht lange, denn leider ist der Junge für Ronja doch nichts ganz Unbekanntes, dem sie sich wie bisher mit froher und unbefangener Neugier nähern kann, sondern schon nach wenigen Worten ist klar: es handelt sich um einen Hosenschisser – gehört er doch zur Borkasippe, also in das Feindschaftsmuster, mit dem Ronja aufgewachsen ist. Da gibt es nun keinen Grund mehr zur Neugier oder zum Lachen, wobei der erste Wortwechsel der beiden für Leserin und Leser schon hochkomisch ist:

»›Ich weiß, wer du bist‹, sagte er. ›Du bist die Räubertochter, die immer im Wald rumrennt. Ich hab dich da mal gesehen.‹

›Wer bist du denn?‹, fragte Ronja. ›Und wie um alles in der Welt bist du hierher gekommen?‹

›Ich bin Birk Borkasohn und ich wohne hier. Wir sind heute Nacht hier eingezogen.‹

Ronja starrte ihn an.

›Wer wir?‹

›Borka und Undis und ich und unsere zwölf Räuber.‹

Es dauerte eine Weile, bis sie das Unerhörte begriff, das er da gesagt hatte. Schließlich sagte sie: ›Willst du etwa behaupten, dass die ganze Nordburg voller Hosenschisser ist?‹

Er lachte.

›Nein, hier gibt es nur rechtschaffene Borkaräuber. Aber da drüben, wo du wohnst, da ist es knüppelvoll von Hosenschissern, das hat man ja immer gehört.‹« (S. 33)

Dieser Wortwechsel ist so komisch, weil er die *Gleichheit* der beiden verfeindeten Seiten vorführt: nicht nur, dass beide jeweils sich selbst für die Guten und Rechtschaffenen halten, sie belegen auch die Gegner mit dem gleichen unflätigen Prädikat: Hosenschisser. Und die wunderbare Unbefangenheit, mit der die beiden kindlichen Kontrahenten, jeder jeweils an seinem Rand des Abgrunds, ihr *Wissen* (»das hat man ja immer gehört!«) vorbringen! Ronjas freudige Neugier weicht im Nu dem schwärzesten Zorn: »›Potz Pestilenz!‹, rief sie. ›Wart nur, bis das Mattis zu Ohren kommt, dann fahren alle Borkaräuber mit einem Furz zum Donnerdrummel!‹« (S. 34) Doch als sie sich umwendet, um ihrem Vater die unerhörten Neuigkeiten zu überbringen, da setzt Birk genau zu dem an, was Ronja ursprünglich zum Höllenschlund geführt hatte: zu einem Sprung über den Abgrund!

Damit ist es natürlich vorbei mit dem spielerischen Erkunden der eigenen Möglichkeiten, wie Ronja es zuvor für sich geübt hatte. Indem Birk den Sprung über den Abgrund als *Herausforderung* praktiziert, treten die beiden Kinder jetzt in einen Wettkampf im Hin- und Herspringen ein, der – da er auf der Feindschaft der beiden Räuberfamilien beruht – erst in dem Moment endet, da ein Teil sich in wahrhaft bestürzender Weise als der Schwächere herausstellt: Birk rutscht, nachdem beide lange verbissen und stumm hin- und hergesprungen sind, an einem losen Stein ab.

Nun ist also die Situation eingetreten, die für die Mattisräuber bisher immer eine so *glorreiche Vision* darstellte: Ein Borkaräuber ist auf dem besten Weg, zum Donnerdrummel zu fahren. Da Birk noch einen kleinen Halt unweit unterhalb des Grabenrands hat, muss Ronja nun entscheiden, welchem Weg sie folgt: dem Weg der Sippenfehde – zum Donnerdrummel mit ihm! – oder dem Weg ihres leisen Lachens. Glücklicherweise erträgt sie angesichts der Gefahr, in der der Junge schwebt, den Gedanken nicht, dass er ohne ihre Hilfe sicherlich abstürzen würde, und zieht ihn aus dem Abgrund wieder nach oben. Doch noch wirkt die Gegnerschaft: Kaum steht Birk vor ihr, haut Ronja ihm mit aller Kraft auf die Nase, und auch seine Dankbarkeit will sie nicht annehmen; dementsprechend lauten ihre Abschiedsworte: »Hoffentlich fällst du wieder rein, du Hosenschisser!« (S. 41)

Mit der Rettung Birks ist jedoch natürlich der erste Schritt von der Feindschaft weg getan: Birk ist für Ronja zwar noch immer ein kleiner, widerwärtiger Borkaräuber, aber immerhin empfindet sie schon Traurigkeit darüber, dass aufgrund der Bandenfeindschaft keine größere Nähe zwischen ihnen möglich ist; auch der Versuch, Birk aus »ihrem« Wald heraus zu halten, kommt nicht mehr aus ganzem Herzen, und sie ist sogar bereit, ihm durch das für ihn neue Gelände den Weg zur Burg zu weisen – eine Hilfe, die ihr selbst das Leben rettet, weil Birk sie ihrerseits vor den sirenengleichen Gesängen der unterirdischen Kobolde bewahrt. Wo nun beide erfahren haben, wie sehr sie einander brauchen, spricht Ronja zwar die Verwünschung: »Na dann scher dich zum Donnerdrummel« noch aus, aber sie sagt es so freundlich, dass der Inhalt ihrer Worte hinter dem Ton zurücktritt (vgl. S. 61). Und schließlich, nachdem Ronja noch ein zweites Mal von Birk aus großer Gefahr errettet worden ist, ist es beiden klar, dass sie zusammengehören:

»›Du, Birk‹, sagte sie, ›ich wünschte, du wärst mein Bruder.‹ Birk lächelte. ›Das kann ich ja sein, wenn du es möchtest, Räubertochter.‹ ›Ja, das möchte ich‹, sagte sie. ›Aber nur, wenn du mich Ronja nennst!‹ ›Ronja, meine Schwester‹, sagte Birk und verschwand im Schneegestöber.« (S. 80)

Die Ebenbürtigkeit von Ronja und Birk, die erzählerisch von Anfang an ganz deutlich ausgemalt wird, hat hier nun also endlich in der Freundschaft ihre gute Form gefunden – bei ihrer ersten Begegnung drückte sich diese Ebenbürtigkeit noch im verbissenen Sprungwettkampf, also in zermürbender Konkurrenz aus.

Ein letztes Mal tut sich der Zwiespalt zwischen Ronjas Offenheit, Lebensfreude und argloser Neugier einerseits, ihrem Besetzt-Sein durch die Feindschaft zwischen ihrer Gruppe und den Borkaräubern andererseits auf, als sie unter der Erde bei dem Geröllhaufen, den sie zwischen den beiden Burgteilen weggeräumt hat, auf Birk wartet und plötzlich ihre Vorfreude, ihn wiederzusehen, einer schrecklichen Gewissheit weicht: »Schließlich war sie ja ein Mattisräuber und er ein Borkafeind. Wenn sie es recht bedachte, wollte er womöglich mit so einer nichts zu tun haben.« (S. 93) Dies ist nun sicherlich die schlimmste Form, die ein derart internalisiertes Feindschaftsmuster annehmen kann: wenn sich die Einsicht in die Nähe zum »Feind«, ja sogar in die Verwandtschaft mit ihm schon so sehr ausgeweitet hat, dass Ronja sich ohne Mühe in das Denken des Anderen hineinversetzen kann, dort aber – wie aufgrund der Einstellung ihres Vaters nicht anders zu erwarten – eben gerade wieder auf das Feindschaftsmuster stößt, das sich nun allerdings gegen sie selbst wendet: Ronja ist in der Lage zu verstehen und nachzuvollziehen, dass sie gehasst wird. Man stelle sich vor, welch eine schlimme Entwicklung sich hätte ergeben können, wenn Birk nicht aufgetaucht wäre, wenn also die neugewonnene Gewissheit der Verwandtschaft, der Zusammengehörigkeit von Ronja und Birk nicht von der andern Seite her bestätigt worden wäre.

Astrid Lindgren, die große Erzählerin, kann ihre Ronja in ihrer Geschichte bis zu diesem äußersten Punkt der Gefährdung führen, um dann aus dem Dunkeln Birk auftauchen zu lassen, woraufhin es für einen Augenblick ganz still wird: »Sie standen nur still da, aber sehr glücklich darüber, zusammen zu sein.« (S. 95) Wir haben als Erwachsene die Geschichte unserer Kinder im Vergleich dazu nur sehr bedingt in der Hand, weshalb es für uns wohl am sichersten ist, wenn wir uns davor hüten, unseren Kindern Aversionen, Abneigungen, Aggressivitäten gegenüber anderen Menschen – seien es Einzelne (ein Nachbar, Arbeitskollege, Verwandter), seien es Familien oder gar noch größere Gruppen – unreflektiert weiterzugeben, sie in negative Grundhaltungen hinein aufwachsen zu lassen. Sicherlich ist keiner von uns frei von solchen Abgrenzungstendenzen, aber wie an der Geschichte »Ronja Räubertochter« sehr schön zu sehen ist, bedeutet es einen immensen Eingriff in die freie Entwicklung von Kindern, wenn ihnen die Aversionen der Erwachsenen übergestülpt werden.

Natürlich bedeutet das nicht, dass nun krampfhaft harmonisiert werden soll. Nach wie vor wird man sich mit dem einen besser, dem anderen schlechter verstehen. Aber Kinder sollten von den Grenzen ihrer Eltern nicht so weit voreingenommen werden, dass sie keine eigenen Entdeckungen mehr machen können, dass »das leise Lachen«, die Freude des Staunens über das Unbekannte, von vornherein durch Feindschaftsmuster erstickt wird.

Wer die Geschichte von Ronja Räubertochter liest, bekommt anschaulich vorgeführt, wie unterschiedliche Charaktere, die in ihren Eigenarten durchaus auch unvereinbare Ansätze kennen, nebeneinander und miteinander leben können; wie anfängliche Fremdheit also nicht im ersten Impuls der Abwehr ausgeschlossen wird, sondern sich zu einer Besonderheit zu entwickeln vermag, die den anderen fördert und bereichert. Und eben das brauchen unsere Kinder heute und in Zukunft: einen vorurteilsfreien, selbstbewussten, neugierigen Blick auf das Fremde, auf die Fremden; nicht den Tunnelblick, der ihnen durch Computerspiele einprogrammiert wird, für den alles Fremde nichts anderes sein *kann* als »Der Feind«. Ein wenig hat Ronjas Vater Mattis diese Perspektive eines Egoshooters nach dem Muster »Wir sind die Guten und die Andern daher die Bösen«. Computerspiele, man weiß das, sind dann zu Ende, wenn »Der Feind« bezwungen ist, und es ist in dieser Hinsicht letztlich egal, ob ein Pixelmännchen das andere pulverisiert hat und der Sieg ohne Altersbegrenzung gefeiert werden kann, oder ob der Feind, wie es sich für Spiele ab 18 gehört, vom »erfolg-reichen« Spieler zu einer detailbesessenen Blut- und Knochensuppe verarbeitet wurde. Mattis, der zunächst im Gut-Böse-Schema geradezu schwelgt, ist am Ende der Geschichte wie all ihre Akteure und sicher auch alle Leser, Vorleser und Zuhörer glücklich darüber, dass es ihm und seinem Feind Borka dank ihren Kindern gelungen ist, diesen dummen Feindschaftsgraben zu überwinden.

Es folgt nun, da zunächst Ronja und Birk über den Abgrund der Bandenfehde hinweg zueinander gefunden haben, ungefähr in der Mitte der Geschichte, im achten Kapitel eine sehr berührende Passage, in der kaum etwas geschieht: Mit dem Frühlingsanfang beginnt das glückliche Zusammenleben der beiden Kinder, ihre gemeinsame Zeit im Wald. Hier ist auf einmal die Dynamik der Geschichte angehalten, die Spannung ausgesetzt, die sich aus der Feindschaft zwischen Ronjas und Birks Familie ergeben hatte. Astrid Lindgren evoziert stattdessen meisterhaft die Schönheit der aufblühenden Natur zusammen mit der Stimmigkeit der Freundschaft, einen Idealzustand, der bis zu Paradies-Assoziationen gesteigert wird: »Ein Kreuzotterweibchen, das bald Junge bekommen würde, lag dicht neben ihnen friedlich in der Sonne. Sie störten es nicht und es störte sie nicht. Der Frühling gehörte allen.« (S. 107)

Wenn man von spannenden Geschichten herkommt und davon überzeugt ist, dass es Spannung ist, was einen an ein Buch fesselt, fragt man sich, wie Harmonie lesenswert sein kann und was eigentlich das Fesselnde am geglückten, vollkommenen Zustand sein soll. In der geschilderten Passage fällt die Handlungsspannung weg, stattdessen schildert die Erzählerin über mehrere Absätze hinweg einen Zustand des Aufgehens in der Natur. Der aber ist alles andere als langweilig, vielmehr erfüllt mit eigenem Leben, ganz eigener Energie, ja selbst einer ganz eigenen Form von Gewalt: Die Freude lebt in Ronja wie eine Flamme, der Frühling ist eine Form von Ekstase in Ronja und um sie herum, in die sie sich »mit einem lauten, gellenden Schrei« hineinstürzt. Sie erlebt zusammen mit Birk mit allen Fasern »das starke, wilde Lied des Frühlings« (vgl. S. 107f.). Es handelt sich zwar nicht um eine Handlungsspannung, aber um eine sehr fein ausbalancierte Zustandsspannung mit überbordender Fülle, oder einer Power, um es in der Sprache der Kinder zu sagen, ganz eigener Art.

Ronja und Birk sind füreinander da und helfen einander, das steht nun ganz außer Frage. Im Winter bewahrt Ronja nicht nur Birk, sondern auch die gesamte Räuberbande seines Vaters mit Lebensmitteln aus der Speisekammer ihrer Mutter vor dem Hungertod. Und schließlich revoltiert sie sogar offen gegen ihren Vater, als der Birk gefangen nimmt, um seinen Erzfeind Borka unter Druck zu setzen. Außer sich vor Wut ist Ronja über die Niedertracht ihres Vaters. Sie verwünscht ihn von Herzen, sie will nicht mehr seine Tochter sein! Aber wie entsetzlich schwer es ihr fällt, sich von ihrem über alles geliebten Vater zu distanzieren, verrät ihr »leises Wimmern« (S. 129) angesichts der Grausamkeit von Mattis gegenüber Borka und Birk. Wie weit sie jetzt entfernt ist von ihrem »leisen Lachen«, mit dem sie auf alles Neue in der Welt reagiert hatte! Weil sie ihren Vater unter diesen Umständen nicht mehr lieben kann, bestraft sie ihn mit einer höchst drastischen Tat: sie überspringt den Abgrund zwischen den beiden verfeindeten Räubergruppen und liefert sich Borka, dem Feind ihres Vaters, aus. Die Erpressung, die Mattis geplant hatte, ist damit natürlich geplatzt; wenig später wird Borka seiner Familie und Ronja der ihren zurückgegeben. Doch die beiden Kinder halten die Atmosphäre der Feindseligkeit in ihren Familien nicht mehr aus und kehren zu ihrem gemeinsam-einsamen Leben in ihrer Höhle und im Wald zurück, weit weg von den Streitigkeiten der Erwachsenen.

Die Freundschaft zwischen Ronja und Birk reicht ohne Zweifel tief, teilweise verstehen sie sich ohne Worte. Ihre Zusammengehörigkeit über den Zwist ihrer Familien hinweg ist deutlich spürbar, auch für die Menschen um sie herum. Das macht die Freundschaft aber noch lange nicht zu einer Selbstverständlichkeit, denn wer annimmt, dass sich nun, da sie allein sind, alles in Harmonie auflöst und jeglicher Streit aus der Welt geschafft ist, der sieht sich getäuscht: Auch Ronja und Birk, die sich einander zu Bruder und Schwester gewählt haben, sind gegen Feindseligkeiten nicht gefeit.

Aus einem Zustand der Erschöpfung heraus fangen sie an zu streiten: Sie arbeiten schwer, um sich das Wohnen in ihrer Höhle so angenehm wie möglich zu machen. Dabei besteht ihr Essen immer aus dem Gleichen: gebratener Lachs. Schon am dritten Tag stellt sich bei beiden eine gewisse Verdrossenheit ein, der Überschwang des Anfangens ist nicht mehr spürbar, und da auf einmal ist das Messer nicht mehr auffindbar, das Werkzeug, ohne das im Wald kein Überleben möglich ist, was Birk Ronja schon wiederholt eingeschärft hatte. Es ist weg, und der Streit beginnt damit, dass einer dem anderen die Schuld gibt: Gib's her! – Das hast du! – Nein, du hast es zuletzt gehabt! – Wo hast du's gelassen? Aus dem Verschwinden des Messers wird eine Schuldfrage, die wie ein Ball, nur leider ganz ohne die Leichtigkeit des Spiels, zwischen beiden Kindern hin und herbewegt wird. Ronja wird zornig – Birk wird zornig – und jetzt fallen die verletzenden Worte, die das Klima zwischen den beiden verfeindeten Räuberbanden schon seit Jahr und Tag bestimmt hatten, der Feindseligkeitston, unter dem Ronja und Birk so gelitten hatten, der sie von zu Hause forgetrieben hatte, und der nun plötzlich zwischen ihnen verhängnisvoll-unwillkürlich wieder lebendig wird: »›Du bist ein Hosenschisser, der andern das in die Schuhe schiebt, was er selber ausgefressen hat.‹ – ›Du bist also wieder die alte Räubertochter! Das merke ich. Und mit dir soll ich zusammenleben!‹ ›Das brauchst du nicht, Borkaräuber! … Leb du doch mit deinem Messer zusammen! Falls du es findest. Und überhaupt, scher dich zum Donnerdrummel!‹« Ronja verschwindet voll Zorn im Wald, nicht ohne noch von Birk bitter verwünscht worden zu sein: »Die Wilddruden sollen dich holen! Da gehörst du hin!« (S. 160)

Und schon sind sie auseinander; nie mehr, das schwören sich beide, wollen sie mit dem andern noch etwas zu tun haben!

Kaum ist Ronja weg, findet Birk das Messer. Der Streitanlass ist also aus der Welt – und trotzdem nagt der Groll weiter in ihm. Das Messer mag zwar wieder da sein, aber dass es überhaupt verschwunden gewesen war, daran hatte Ronja schuld! Und wie sie ihn verletzt hatte! Wie sie ihm wehgetan hatte! Da ist es nur in Ordnung und gerecht, wenn es auch ihr jetzt, allein im Wald, ohne Orientierung, ohne Essen, ohne Begleitung so richtig schlecht geht.

Der Gedanke, dass es Ronja so richtig schlecht geht, dass sie gründlich leidet, verliert seinen Reiz allerdings doch recht schnell. Immer mächtiger wird in Birk das Gefühl, das ihn eigentlich mit Ronja verbindet – die Zuneigung, ihre Zusammengehörigkeit, ein großer Schmerz jetzt, da Ronja fort ist. Und wie er sich erinnert an all das Gute, das zwischen ihm und Ronja lebendig war, verschwindet der ganze Groll, der aus dem Streit entstanden war, die Unversöhnlichkeit, die sich zeitweise in ihm breitgemacht hatte – sogar der Streitanlass, der so lebenswichtig geschienen hatte, verliert komplett seine Bedeutung: »Er würde das Messer gern in den Fluss werfen, wenn er dafür nur Ronja zurückbekäme, das wusste er jetzt.« (S. 162 f.)

Birk ist im Herzen schnell wieder da, wo er hingehört: an der Seite seiner Freundin Ronja. Aber wie geht es uns, wenn wir streiten? Haben wir nicht auch oft mit dem Problem der Unversöhnlichkeit zu tun? Das Schlimme dabei ist: eine unversöhnliche Grundhaltung einzunehmen ist immer plausibel zu machen. Die fehlende Bereitschaft, einen Streit zu beenden, kann immer erklärt werden. So ist es natürlich nachvollziehbar, dass Birk Ronja verwünscht, wenn sie ein überlebenswichtiges Werkzeug verloren hat. *Falls* sie es tatsächlich gewesen ist, wäre das ja tatsächlich leichtsinnig und würde das Leben der beiden beträchtlich erschweren. Die Plausibilität des Arguments »Du bist schuld, also hast du Strafe verdient« ist aber nur so lange aufrecht zu erhalten, wie die Wertschätzung des einen für den anderen oder, um es mit unserer Geschichte ganz klar und einfach zu sagen, wie die Liebe Birks zu Ronja draußen gehalten wird, was, wie der Verlauf von Birks Überlegungen zeigt, immer größere Anstrengung kostet. Eine echte Gefährdung des andern ist, Schuld hin oder her, für diese Liebe nicht hinnehmbar. Deshalb bricht Birk schließlich auch auf, um Ronja zu suchen, und bei dieser Suche ist ihm das verlorene Messer nun wirklich ganz gleichgültig geworden, stattdessen empfindet er Scham über die Verwünschungen, die er gegenüber Ronja geäußert hatte.

Wieder einmal können wir uns glücklich schätzen, dass wir in einer Geschichte sind, in einer Welt, die von einer weisen Erzählerin so eingerichtet ist, dass der Streit nicht in eine schlimme, nicht wieder gut zu machende Entzweiung kippt. Stellen wir uns vor, was hätte passieren können, wenn Birk länger gegrollt hätte: Immerhin hat Ronja im Wald eine Stute gefunden, deren Fohlen gerade von einem Bären getötet, die selbst sehr schwer verletzt worden ist. Es hätte wohl nicht viel gefehlt, und auch Ronja selbst hätte zum Opfer werden können. Was wäre dann alles unwiderruflich zerbrochen, dahin gewesen! Der Zorn, der Groll, die Unversöhnlichkeit, die während einem Streit entstehen können, setzen ja ungeheure Kräfte frei, eine Destruktivität, die den Blick auf die Realität völlig verzerren kann, und so wird unversehens etwas Kostbares zerstört. Man denke nur an die Ohrfeige, die Mattis' Vater Borka gegeben hatte zu der Zeit, als Mattis und Borka noch klein waren und miteinander spielten! Jahre und Jahrzehnte von Kampf, Konkurrenz und Fehde waren die Folge. Glücklicherweise haben die Kinder von Mattis und Borka eine stabilere Freundschaftsbasis. Auch sind sie sicher, weil sie so sehr unter Feindseligkeiten zu leiden hatten, ein wenig klüger als ihre Väter, und so endet das Streitkapitel mit dem beruhigenden Wortwechsel:

»Ronja saß lange schweigend da. Dann sagte sie: ›Weißt du, woran ich denke? Ich denke daran, wie leicht man alles ganz unnötig zerstören kann.‹ ›Dann wollen wir uns von nun an vor allem Unnötigen hüten‹, sagte Birk. ›Und weißt du, woran ich denke? Ich denke daran, dass du mehr wert bist als tausend Messer!‹ Ronja sah ihn an und lächelte. ›Jetzt hast du wohl ganz und gar den Verstand verloren!‹ Das sagte Lovis manchmal zu Mattis.« (S. 169)

Auch die Kinder Ronja und Birk sind also bei allem guten Willen, wie wir gesehen haben, nicht gegen Hass und Feindschaft gefeit. Das heißt aber, dass es hier prinzipiell weder Gute noch Böse gibt, sondern einfach Menschen mit je ganz eigenen Grenzen. Es ist diese Weigerung der Erzählerin, die Figuren der Geschichte mit moralischen Etiketten zu versehen, verbunden mit der nachdrücklichen Darstellung der Zerbrechlichkeit von menschlichen Beziehungen, die Astrid Lindgrens Buch so wertvoll macht. Selbst die Aussage, dass die Eltern schuld sind an der Misere der Kinder, würde an der Geschichte von »Ronja Räubertochter« vorbeigehen: Abgesehen von seiner Blickverengung in Bezug auf seinen »Erzfeind« Borka ist Mattis natürlich ein idealer Vater, der bedingungslos zu seiner Tochter steht und ihr alle nur erdenklichen Tore zur Entdeckung der Welt öffnet. Deswegen ist die Entzweiung zwischen Vater und Tochter ja auch so über die Maßen schmerzhaft.

Und Lovis, die Mutter? Sie zeigt ihrer Tochter, sie lebt es ihr vor, dass Parteinahme in einem Streit kein Zeichen von Souveränität, sondern von Schwäche ist. Demgemäß handelt Lovis sogar und vor allem in dem Moment, da sich ihr Mann und ihre Tochter entzweien: Weder der eine noch die andere bekommt für sich allein Unterstützung oder Tadel von ihr. Das einzige, was sie tut: dass sie beide gleichzeitig ihres Beistands versichert und damit trotz des abgrundtiefen Grabens, der sich zwischen Vater und Tochter auftut, eine erste Perspektive auf eine zukünftige Versöhnung aufscheinen lässt.

So endet die Geschichte denn auch mit der nuancierten Versöhnung aller – nicht dass die Mattis- und die Borkaräuber nun ständig an einem Tisch säßen, aber immerhin begraben sie ihre jahrhundertealte Fehde und ziehen gemeinsam aus; mit Mattis als Hauptmann und seinem Unterhauptmann Borka. Und auch die Kinder Ronja und Birk kehren nicht einfach in den Schoß der Familie zurück, sondern ziehen wieder in den Wald und setzen ihre selbstständige Sommerexistenz in ihrer Höhle, nun im Einverständnis mit den Eltern, fort.

Kinder und Jugendliche, die dieses Buch lesen, werden mit und in der Spannung, die die Geschichte bietet, mit ihrer Komik und ihrer Poesie, im Idealfall dazu angeregt, auf Feindseligkeiten in ihrer eigenen Umwelt einen neuen Blick zu werfen. Was in durchlebten oder durchlesenen Streitsituationen deutlich werden kann, ist die Zerbrechlichkeit und Gefährdung auch der engsten Freundschaft. Mit dem Lesen dieses Buches kann im Eintauchen in die Geschichte erfahren werden, dass Streit und Feindschaft zwar kaum zu vermeiden sind, dass aber nie aus dem Auge verloren werden darf, was auf dem Spiel steht. Das Ideale »erlesener« Streitszenen besteht im Vergleich zu vielen erlebt-erlittenen Streitereien ohne Zweifel darin, dass die Gefährdung zwar klar herausgestellt und im Lesen nachvollzogen werden kann, dass aber nichts Reales zerbrechen muss, sondern lediglich die Gratwanderung in den Blick gerät, die eine gelungene Freundschaft darstellt.

9 Wem gehört eine Geschichte?

»Tintenherz« von Cornelia Funke

Selten hat mich ein Buch als Buch so sehr berührt wie »Tintenherz« von Cornelia Funke. Das liegt zunächst einmal gar nicht am Inhalt, sondern an dem Umstand, dass das Leben mit und in Büchern in ihm eine entscheidende Rolle spielt. Der Vater der 12-jährigen Heldin Meggie ist Buchbinder, Bücher sind also – ganz abgesehen von den Geschichten, die sie erzählen – das Material seines Handwerks, das er mit Hingabe praktiziert. Meggie selbst ist nicht nur leidenschaftliche Leserin, die sich für jede mögliche Lebenslage höchst differenzierte Gedanken darüber zu machen vermag, welches Buch nun wohl als Begleiter das passendste sein könnte – davon gleich mehr –, der ganze Alltag ist vielmehr geprägt, ja geradezu durchdrungen von Büchern: »Überall in ihrem Haus stapelten sich Bücher. Sie standen nicht nur in Regalen wie bei anderen Leuten, nein, bei ihnen stapelten sie sich unter den Tischen, auf Stühlen, in den Zimmerecken. Es gab sie in der Küche und auf dem Klo, auf dem Fernseher und im Kleiderschrank, kleine Stapel, hohe Stapel, dicke, dünne, alte, neue ... Bücher. Sie empfingen Meggie mit einladend aufgeschlagenen Seiten auf dem Frühstückstisch, trieben grauen Tagen die Langeweile aus – und manchmal stolperte man über sie.« (S. 11f.) Bücher als Gegenstände also spielen eine wichtige Rolle in Cornelia Funkes Geschichte.

Die Geschichte in diesem Buch ist eine höchst spannende, vergnügliche, anrührende, kluge Auseinandersetzung mit der Frage: Wem gehört eine Geschichte?

Gehört sie dem, der sie schreibt?

Oder gehört sie der Hauptfigur innerhalb der Geschichte?

Gehört sie den Lesern, die sie erst zu einem Erlebnisorgan machen, zu einem Muster, durch das hindurch sie ihre Wirklichkeit besser verstehen und bewältigen?

Oder gehört sie, womit sich der Bogen zum Schöpferischen schließt, denjenigen, die sie durchs Vorlesen lebendig machen?

Beginnen wir bei den Geschichtenschreibern: Wie gehört eine Geschichte dem, der sie erfunden hat, dessen Phantasie sie entsprungen ist? Eine Geschichte gehört ihrem Erfinder so sehr, wie eben ein Geschöpf seinem Schöpfer gehört, ein Handwerksstück demjenigen, der es hergestellt hat. Wenn man Geschichten in dem Maße als etwas Lebendiges betrachtet, wie dies in »Tintenherz« geschieht, dann könnte man sogar sagen, dass eine Geschichte ihrem Autor oder ihrer Autorin gehört wie ein Kind seinem Vater oder seiner Mutter: auf eine sehr umfassende Art und Weise. Der Verfasser von Geschichten schlägt sich mit schweren Fragen herum: Wie entwickle ich meine Geschichte, damit sie in sich schlüssig ist, damit sie überschaubar bleibt, damit sie meine Leser überzeugt und vieles andere mehr … Eine Geschichte zu erfinden und aufzuschreiben und das alles gut zu machen berechtigt selbstverständlich zu dem selbstbewussten Satz: »Es ist meine Geschichte!«

Was aber geschieht, wenn ein kluger alter Geschichtenerzähler – in Cornelia Funkes Buch heißt er Fenoglio –, der eine Geschichte geschrieben hat »voller Glanz und Finsternis« (S. 152), mit Feen und Kobolden, mit Gauklern und Glasmännchen, vor allem aber mit einer Hauptperson von abgrundtiefer, schwärzester Bosheit – was geschieht, wenn der Verfasser einer solchen Geschichte seiner bösen Hauptfigur auf gleicher Augenhöhe begegnet? Die Hauptperson von Fenoglios Geschichte ist der grausame Erzschurke Capricorn, der Anführer einer mordenden, brandschatzenden Räuberbande, Angst und Schrecken verbreitend allein durch die Nennung seines Namens; und er kann es naturgemäß überhaupt nicht dulden, dass jemand es wagt, sich als Herr seiner Geschichte über ihn zu stellen.

Der schlimme Bösewicht Capricorn, den nichts als kalte Machtgier treibt, ist schlichtweg unfähig zu der Vorstellung, dass sich ein anderer als sein Urheber oder gar Förderer bezeichnet (nichts anderes heißt das lateinische Wort Autor). Denn selbstverständlich gehört die Geschichte von Capricorn ihm ganz allein, *er* und kein anderer ist der Herrscher seiner Geschichte, derjenige, der alle Fäden in der Hand hält: die Person, die das Handeln der andern, ihr Schicksal, ihre Geschichte bestimmt. Er ist die alleinige Autorität seiner Welt – in diesem Begriff »Autorität« haben wir genau denselben Bedeutungskern des Bestimmenden, Maßgebenden wie in dem Wort »Autor«. Böse, machtgierig und außerstande, andere Autoritäten neben oder gar über sich gelten zu lassen, so wurde der Schurke Capricorn von seinem Autor Fenoglio erfunden und ausgeführt.

Die knisternde Spannung in der zentralen Szene des Buchs »Tintenherz« von Cornelia Funke kommt nun daher, dass der Autor, der alte Mann Fenoglio, bei der Begegnung mit seinem Geschöpf zunächst einmal feststellen kann, wie außerordentlich *gut* ihm dieser Schurke gelungen ist. Der ganz und gar böse Capricorn wird in der Begegnung, da die Welt des Autors mit der seines Werkes verschmilzt, insofern gut, als er ein geglückter Bestandteil unter mehreren, ja geradezu die tragende Figur in einer gut funktionierenden Geschichte ist. Und Fenoglio, restlos entzückt von der gelungenen Gestalt, die er allein geschaffen hat, braucht lange – ein psychologisch äußerst scharfsinnig dargestellter Prozess –, bis er erkennt, dass er im unerschütterlichen Selbstbewusstsein seiner Schöpfer- und Autorenrolle einer fatalen Selbsttäuschung unterliegt, aus der ihn die schockierende Erkenntnis, ein Opfer seines Geschöpfes Capricorn zu sein, erst befreit, als es schon fast zu spät ist: Der Autor Fenoglio ist Gefangener des von ihm erdachten Bösewichts, diesem hilflos ausgeliefert. Sehr prägnant wird dieses unvermittelte Wegkippen der selbstbewussten Autorenherrlichkeit mit dem Bild eines Löwenkäfigs vorgestellt: Fenoglio war entzückt wie ein Kind vor einem Löwenkäfig von der Bestie hinter den Gitterstäben – um plötzlich mit abgrundtiefem Entsetzen feststellen zu müssen, dass der Käfig nicht existiert! Denn ein hingeschriebener Löwenkäfig ist kein Zwinger für echte Raubkatzen – und die Behauptung Fenoglios, er sei der Erfinder von Capricorn und seiner Geschichte, lässt diesen selbstverständlich nur in verächtliches Hohngelächter ausbrechen.

Und nun wird das Böse: der Bösewicht und seine Helfershelfer wirklich stark. Es ist die Stärke der Skrupellosigkeit, des Schreckens, der Gewalt, die Stärke von Hass und Terror. Fenoglio muss schmerzhaft erfahren, welch ein immenser Unterschied besteht zwischen dem Erfinden und Ausgestalten einer bösen Figur und der Tatsache, dieser geballt-gelungenen Bosheit leibhaftig ausgesetzt zu sein.

Nun, ich möchte hier nicht weitererzählen – wer am Ende siegt, die Gewalt oder die Phantasie, das soll Ihrer eigenen Lektüre vorbehalten bleiben. Kommen wir also lieber zur Eingangsfrage zurück: Wem gehört die Geschichte? Nach dem Autor und seiner Hauptfigur sind noch zwei mögliche »Kandidaten« übrig: der Leser (in diesem Buch vor allem die Leserin: Meggie) und der Vorleser (hier vor allem ihr Vater: Mortimer Folkart, Buchbinder).

Die Zusammengehörigkeit von Lesern und »ihren« Geschichten wird in Cornelia Funkes Roman ganz und gar wunderbar beschrieben: Natürlich gehören die Geschichten der Leserin Meggie, die ihre Bücher leidenschaftlich liebt, sie – das versteht sich von selbst – nicht nur einmal, sondern mehrmals liest; für die die Geschichten Trost und Schutz und Heimat in den schwierigsten Lebenslagen sind. Meggie verfügt dadurch, dass sie die Kenntnis der Geschichten mit ihrem Vater teilt, sogar über eine ganz eigene Geheimsprache – man kann sich nach intensiver Beschäftigung mit der Welt des »Herrn der Ringe« Geheimbotschaften auf Elbisch schreiben, und als Meggie in allerhöchster Lebensgefahr schwebt, kündigt sich ihr Retter – wie einst Wendys Retter Peter Pan auf dem Piratenschiff von Kapitän Hook – durch kaum hörbare Tick-Geräusche an, die als Hoffnungssignal natürlich nur für diejenigen funktionieren, die die Geschichte kennen.

Aber die Szene muss gar nicht so extrem sein – ein wunderbares Grundmotiv dieser Geschichte ist der Frieden von lesenden Menschen. Gleich im ersten Kapitel wird die sicherste Methode beschrieben, wie das Kind Meggie nach einem bösen Traum wieder einschlafen kann: Nichts ist dazu besser geeignet »als Mos ruhiger Atem neben ihr und das Umblättern der Seiten. Nichts verscheuchte böse Träume schneller als das Rascheln von bedrucktem Papier.« (S. 11) Ein Buch mit einer bekannten Geschichte gibt Meggie die Möglichkeit, sich nach einem Angsttraum oder in fremder, unheimlicher Umgebung »in den vertrauten Wörtern ein Nest zu bauen«. Eine der anrührendsten Evokationen der sehnlichst herbeigewünschten Behaglichkeit des Lesens – verbunden mit dem Wunsch, in einer Geschichte zu sein, die eine solide Ausgangsposition für diese Behaglichkeit darstellt – ist der Wunsch des Hobbits Frodo aus dem »Herrn der Ringe«, als Motto über eines der finstersten Kapitel in »Tintenherz« gestellt: »Immerhin wüsste ich gerne, ob wir jemals in Liedern und Geschichten vorkommen werden. Wir sind natürlich in einer, aber ich meine: in Worte gefasst, weißt du, am Kamin erzählt oder aus einem großen dicken Buch mit roten und schwarzen Buchstaben vorgelesen, Jahre und Jahre später. Und die Leute werden sagen: ›Lass uns von Frodo und dem Ring hören!‹ Und sie werden sagen: ›Das ist eine meiner Lieblingsgeschichten.‹« Die Behaglichkeit der Vorlesesituation wird also in die Atemlosigkeit einer akuten Spannungssituation hereingedacht. Diese Passage aus dem »Herrn der Ringe« gehört, seit ich ihn zum ersten Mal gelesen habe, zu meinen Lieblingsstellen: die Verständigung der handelnden Person mit dem Leser seiner Geschichte, die Sehnsucht nach dem Frieden und der Behaglichkeit des Lesens, die in einem so außerordentlich wirkungsvollen Kontrast zur extremen Gefährdung durch die erzählten Ereignisse steht.[1]

Tolkiens Buch begleitet die Heldin Meggie auf ihrer abenteuerlichen Reise, auch »Der König von Camelot« wird eingepackt, was ihre Tante Elinor mit den Worten kommentiert: »›Du nimmst dir also König Arturs Tafelrunde mit und Frodo samt seinen acht Gefährten. Keine schlechten Begleiter. Beides sehr lange Geschichten, gerade das Richtige für eine Reise. Hast du sie schon gelesen?‹ – Meggie hatte genickt. ›Viele Male‹; hatte sie gemurmelt und noch einmal über die Einbände gestrichen ... ›Nun guck nicht so düster drein!‹, hatte Elinor gesagt und sie besorgt gemustert. ›Du wirst sehen, unsere Reise wird nicht halb so schlimm wie die der armen Pelzfüße und sehr viel kürzer.‹« (S. 120) Meggie, die zwölfjährige Leserin und Heldin des Buchs »Tintenherz«, lebt mit ihren Büchern und ist aufgrund der Geschichten, die sie sich aus den Büchern herausgelesen

[1] Diese Behaglichkeit der am Kaminfeuer sitzenden Lese- oder Erzählgemeinschaft stellt nicht nur ein Gegenteil der Verfassung dar, in der sich Frodo und seine Freunde befinden, sondern sie steht auch im klaren Kontrast zur Einsamkeit des Zuschauers im Kino.

hat, besser in der Lage, mit bedrohlichen Situationen fertig zu werden, mit Einsamkeit und Fremdheit.

Nun aber viertens noch zum letzten Kandidaten auf unserer Liste derer, die Anspruch auf das Eigentum einer Geschichte haben: der wahrhaft begnadete Vorleser und Buchbinder Mortimer, der Vater von Meggie. Da sind also zunächst die Bücher als Grundlage seines Berufs: er repariert schadhafte Bücher, bindet sie neu, gibt ihnen neue Einbände. Diese handwerkliche Seite des Umgangs mit Büchern wird sehr kenntnisreich und liebevoll dargestellt – Mo ist als Handwerker ein wirklicher Künstler, der sich seinen Gegenständen voller Hingabe nähert. Es ist ein hübscher Moment im Verlauf der Lektüre von »Tintenherz«, wenn man Mos Äußerung über die Qualität und Funktion des Vorsatzpapiers gelesen hat: »›Jedes Buch sollte mit so einem Papier beginnen‹, hatte er mal zu Meggie gesagt. ›Am besten mit einem dunklen: dunkelrot, dunkelblau, je nachdem, wie der Einband des Buches ist. Wenn du dann das Buch aufschlägst, ist es wie im Theater: Erst ist da der Vorhang. Du ziehst ihn zur Seite, und die Vorstellung beginnt.‹« (S. 67) Natürlich schaut man dann sofort nach, wie das denn nun bei diesem Buch hier gestaltet ist, und sehr zufrieden nimmt man zur Kenntnis, dass sich das dunkel-geheimnisvolle Rot des Vorsatzpapiers vortrefflich zum dunkelroten Grundton des Einbandes sowie zum Dunkelrot des Lesebändchens gesellt …

Für viele Nicht- oder Wenigleser spleenig, für Büchernarren dagegen leicht nachvollziehbar sind die Gesten von Zärtlichkeit gegenüber einem Buch, bevor man es aufschlägt: »Meggie strich über den Einband, so wie sie es immer tat, bevor sie ein Buch aufschlug. Das hatte sie Mo abgeschaut. Seit sie denken konnte, erinnerte sie sich an diese Bewegung – wie er ein Buch in die Hand nahm, fast zärtlich über den Einband strich und es dann aufschlug, so, als öffnete er eine Schachtel, die bis zum Rand mit nie gesehenen Kostbarkeiten gefüllt war.« (S. 532) Schachteln voller Kostbarkeiten – wer Bücher so anschauen kann, hat erfahren, welch eine lebendige Vielfalt darin verborgen sein kann; der weiß, welch eine Bereicherung das Lesen und das Vorlesen sein kann.

Nun, Mo ist also nicht nur Buchbinder, sondern auch ein Vorleser voller Liebe zu den Geschichten, die er vorträgt. Wie Cornelia Funke das Vorlesen von Mo beschreibt – allein diese Passagen sollten ausreichen, um die Zahl der aktiv vorlesenden Eltern, Großeltern, Geschwister, Freundinnen und Freunde zu vervielfachen. Da dieses Buch das Ziel hat, Sie nicht nur zum Lesen, sondern auch zum Vor-Lesen anzuregen, möchte ich die Passagen, die Mos Vorlesekunst vorführen, ausführlich wiedergeben:

»Alles verschwand. Die roten Wände der Kirche, die Gesichter von Capricorns Männern und Capricorn selbst auf seinem Stuhl. Es gab nur noch Mos Stimme und die Bilder, die sich aus den Buchstaben formten wie ein Teppich auf dem Webstuhl. Hätte Meggie Capricorn noch mehr hassen können, dann hätte sie es jetzt getan. Schließlich war nur er schuld, dass Mo ihr all die Jahre nicht ein einziges Mal vorgelesen hatte. Was hätte er ihr alles ins Zimmer zaubern können mit seiner Stimme, die jedem Wort einen anderen Geschmack gab und jedem Satz eine Melodie! Selbst Cockerell hatte sein Messer vergessen und die Zungen, die er abschneiden sollte, und lauschte mit abwesendem Blick. Flachnase starrte so verzückt in die Luft, als kreuzte ein Piratenschiff mit geblähten Segeln geradewegs durch eins der Kirchenfenster. Alle schwiegen.

Kein Laut war zu hören außer Mos Stimme, die Buchstaben und Wörter zum Leben erweckte.« (S. 193)

An anderer Stelle:

»Und Mo begann, die Stille mit Wörtern zu füllen. Er lockte sie von den Seiten, als hätten sie nur auf seine Stimme gewartet – lange und kurze, spitznasige und weiche, schnurrende, gurrende Wörter. Sie tanzten durchs Zimmer, malten Bilder aus buntem Glas und kitzelten auf der Haut. Selbst als Meggie einnickte, hörte sie sie immer noch, obwohl Mo das Buch längst wieder zugeschlagen hatte. Wörter, die ihr die Welt erklärten, die dunkle und die helle Seite, und eine Mauer bauten gegen alle bösen Träume. Nicht einer kam in dieser Nacht hindurch.« (S. 268)

Meggie versucht sich in der Kunst des Vorlesens auf den Spuren ihres Vaters; zunächst muss sie erfahren, welch ein Können, wie viel Übung und Erfahrung damit verbunden ist: »Sie formte jedes Wort mit den Lippen, so wie sie es bei Mo gesehen hatte, fast zärtlich, als wäre jeder Buchstabe eine Note und jeder lieblos ausgesprochene ein Missklang in der Melodie. Doch bald merkte sie, dass, wenn sie jedem Wort Aufmerksamkeit schenkte, der Satz nicht mehr klang und dass die Bilder dahinter verloren gingen, wenn sie nur auf den Klang und nicht auf den Sinn achtete. Es war schwer. So schwer.« (S. 307), doch schließlich entwickelt auch sie sich zur

Meisterin im Vorlesen (anzufügen für Sie als zukünftige Vorleserinnen und Vorleser ist: so lange hat es gar nicht gedauert, und so schwer, wie es am Anfang schien, war es letztlich auch nicht! Außerdem müssen wir kaum so außerordentlich anspruchsvoll sein wie die junge Heldin …): »Meggie schien es, als würde ihre Stimme mit jedem Wort größer. Sie schien zu wachsen, bis sie überall war. ›Man nannte ihn den Schatten.‹ Zwei Zeilen noch tief unten auf der Seite, dann umblätttern. Fenoglios Buchstaben warteten. ›Sieh dir das an, Meggie!‹, hatte er geflüstert, als er ihr das Blatt zeigte. ›Bin ich nicht ein Künstler? Gibt es etwas Schöneres auf der Welt als Buchstaben? Zauberzeichen, Stimmen der Toten, Bausteine für wundersame Welten, besser als diese, Trostspender, Vertreiber der Einsamkeit. Hüter von Geheimnissen, Verkünder der Wahrheit …‹ Schmeck jedes Wort, Meggie, flüsterte Mos Stimme in ihr, lass es dir auf der Zunge zergehen. Schmeckst du die Farben? Schmeckst du den Wind und die Nacht? Die Angst und die Freude? Und die Liebe. Schmeck sie, Meggie, und alles erwacht zum Leben.« (S. 539)

Das Vorlesen ist, so könnte man sagen, das Zentralthema von Cornelia Funke in diesem Buch. Wie die Auszüge zeigen, ist hier ein ganz deutlicher Bogen zur Kreativität des Schreibens von Geschichten geschlagen: der Autor macht eine *fertige* Geschichte, wahrhaft *lebendig* wird diese jedoch erst beim Vorlesen. Wenn wir ein Buch vorlesen, gehört die Geschichte uns in einem sehr weitgehenden Sinn: Wir können gestalten, wir können der Vermittlung, dem Erklingen der Geschichte unseren Atem geben, wir können Rhythmus und Tempo bestimmen – beim geglückten Vorlesen ist spürbar, wie die Geschichte auch in den Zuhörern lebendig wird. Wie lebendig die beiden Hauptfiguren Mo und Meggie im »Tintenherz« Geschichten durch Vorlesen machen können, will ich im Einzelnen hier nicht ausbreiten; die Begegnung des Geschichtenerfinders Fenoglio mit seiner tintenschwarzen Hauptfigur Capricorn, die oben bereits angesprochen wurde, deutet an, in welche Richtung das lebendige Vorlesen hier weitergesponnen ist.

Wir begegnen in diesem Buch der Gegenwärtigkeit und Lebendigkeit von Büchern und Geschichten also hautnah. Die für uns wichtigste Einsicht aus diesem Buch ist dementsprechend die Macht der Phantasie gegenüber der Macht des Bösen. Wir kennen sicher alle das Problem der Gewalt in den Bereichen, in denen unsere Kinder sich bewegen: wie schrecklich bedrängend die Stärkeren sein können, die Rowdies ohne Mitgefühl, die den größten Teil ihres Selbstbewusstseins aus ihrer Zugehörigkeit zu einer Gruppe oder auch aus blinder Bewunderung einer rücksichtslosen Anführerpersönlichkeit ziehen. Cornelia Funkes Geschichte zeigt an einzelnen Gestalten aus der Gefolgschaft des Erzschurken Capricorn, wie diese Mischung aus Brutalität gegenüber Andersdenkenden und grenzenloser Ergebenheit zum »Bandenchef« eigentlich aus Schwäche entspringt: Basta, der brutale Bursche, der ständig mit seinem Messer spielt und ohne Zögern jeden umbringt, der sich den Befehlen seines Herrn widersetzt, wurde schon als Kind von Capricorns Männern aufgelesen; er sieht in Capricorn den Ersatz für einen Vater, den er nie hatte, und ist daher bedingungslos bereit, sich auf dessen brutale, habgierige, grausame

Weltsicht einzulassen. Dabei ist diese Treue vollkommen eingleisig: Capricorn hält ihn und seine Kumpane für dumm und verachtet sie deshalb – die Dummheit von Capricorns Gefolgsleuten beruht übrigens interessanterweise auf der Tatsache, dass sie nicht lesen können und Capricorn offenbar auch alles tut, damit dies so bleibt –; gegen Ende der Geschichte, als Basta nicht mehr nach Wunsch funktioniert, lässt er ihn dann kalt lächelnd fallen; er wird weggeworfen »wie eine Puppe, mit der niemand mehr spielt«.

Es gibt in der Geschichte einen anderen Jungen, der in einer Räuberbande Handlangerdienste versehen hatte und urplötzlich aus seiner Welt gerissen worden war: Farid wird ähnlich wie Capricorn, Basta, Staubfinger und die andern aus seiner Geschichte herausgelesen durch die verlebendigende Vortragsweise von Mo. Farid war ein Niemand in seiner Ursprungswelt – in seiner Geschichte hatte er bezeichnenderweise denn auch keinen Namen –, doch nun, da die Fäden zu seiner alten Welt zerschnitten sind, erwacht er regelrecht zum Leben: Zunächst geht er, der einer Geschichte aus 1001 Nacht entstammt, davon aus, er sei in einer Gesellschaft von Teufeln und Dämonen gelandet. Nach und nach merkt er jedoch, dass er nicht mehr lediglich als namenloser kleiner Bandit, sondern als eigenständige Person wahr- und ernst genommen wird. So nennt er auch erst in der Welt von Mo und Meggie, Elinor und Staubfinger seinen Namen und wird dann natürlich auch damit angesprochen. Als eigenständige Person erwachen in ihm Lebensfreude, Witz und Neugier; er entdeckt, was er kann, wen er mag und was er möchte. Hinzu kommt etwas anderes:

Der Vorleser Mo sorgt sich um ihn, den es durch seine Vortragskunst in eine so ganz anderen Welt verschlagen hat, und auch diese liebevolle Sorge ist etwas Fremdes und Wunderbares für Farid: »Als Farid zurückkam, wartete Zauberzunge [das ist Mo für die ›Herausgelesenen‹] schon auf ihn. ... Zauberzunge stand immer noch dort, wo Farid ihn verlassen hatte. Erleichterung machte sich auf seinem Gesicht breit, als er ihn den Hügel heraufkommen sah. ›Wir haben Schüsse gehört!‹, rief er Farid entgegen. ›Ich dachte, wir sehen dich nie wieder.‹ ›Sie schießen auf die Katzen‹, antwortete Farid und ließ sich ins Gras fallen. Zauberzunges Sorge machte ihn verlegen. Er war es nicht gewohnt, dass man sich um ihn sorgte. Warum hat das so lange gedauert? Wo hast du dich rumgetrieben? Solchen Empfang war er gewohnt. ... Zauberzunge ... stand alles auf der Stirn geschrieben – Sorge, Freude, Ärger, Schmerz, Liebe, selbst wenn er es zu verbergen suchte ...« (S. 434)

Er, der in seiner eigenen Geschichte kaum beachtet worden war, kommt regelrecht zu sich in dieser ihm fremden Welt, in der er zum ersten Mal ernst genommen wird: »Er [Mo] wusste nichts von seiner Angst vor Geistern und anderen Nachtgestalten, Farid hatte sie gut vor ihm zu verbergen gewusst ... Zauberzunge verspottete ihn auch nicht für seine Angst vor der Dunkelheit, ... und seltsamerweise machte das die Furcht kleiner, ließ sie schrumpfen, wie es sonst nur das Tageslicht bewirkte.« (S. 514)

Farid schafft und schätzt also den Umsprung von der einen, seiner Ursprungswelt in unsere Gegenwart. Bei Basta hatte sich durch den Wechsel der Welt kaum etwas geändert, weil das unauflösliche Abhängigkeitsverhältnis zu Capricorn bestehen blieb. Eine wirklich tragische Figur, die schrecklich unter der neuen Daseinsform leidet und ständig von der Sehnsucht nach ihrer Herkunftswelt (einer Zeit, vegleichbar unserem Mittelalter) umgetrieben wird, ist hingegen der Gaukler Staubfinger, an dessen Sichtweise auf unsere technifizierte, kalte Welt des 21. Jahrhunderts Cornelia Funke auch eine Menge an Gegenwartskritik knüpft, denn trotz aller Brutalität, trotz allem Schmerz, den Staubfinger in »seiner« Geschichte ertragen musste, sehnt er sich nach der Stille seiner Welt, nach ihren wirklich dunklen Nächten und nach all den märchenhaften Wesen, die seine Welt bevölkerten. Staubfinger ist ein wunderbarer Gaukler, er kann Feuer spucken und jonglieren in einer Vollkommenheit, dass seinen Zuschauern der Atem stockt. Und doch, obwohl er in dieser neuen Welt durchaus sein Auskommen hat, ist die Melancholie des Fremden unaufhebbar: »Staubfinger spuckte noch einen letzten Feuerball in die Luft, dessen Größe selbst die mutigsten Zuschauer zurückstolpern ließ, dann legte er die Fackeln weg und griff nach seinen Bällen. Er warf sie so hoch, dass die Leute den Kopf in den Nacken legten, fing sie auf und stieß sie mit dem Knie wieder in die Höhe. Die Arme rollten sie ihm hinauf wie von unsichtbaren Fäden gezogen, tauchten hinter seinem Rücken auf, als hätte er sie aus der leeren Luft gepflückt, sprangen ihm gegen die Stirn, gegen sein Kinn, so leicht, so schwerelos, tanzende kleine Dinger … alles schien leicht zu werden, ohne Gewicht, nur ein schönes Spiel – wenn da nicht Staubfingers Gesicht gewesen wäre. Es blieb ernst hinter den wirbelnden Bällen, als hätte es nichts mit den tanzenden Händen zu tun, nichts mit der Kunstfertigkeit, nichts mit ihrer sorglosen Leichtigkeit.« (259f.) Die sorglose Leichtigkeit, die Staubfingers Auftritte auszeichnet, die aber auch von Farid im Laufe seines Hineinwachsens in die neue Welt mehr und mehr Besitz ergreift, ist für Staubfingers Herz unerreichbar: zu fremd ist ihm diese Welt, zu geheimnisarm, zu laut, zu oberflächlich ...

Diese kaum ausgeprägte Beziehung zu der Welt, in der er durch ein tragisches Missgeschick zu leben gezwungen ist und mit der er so wenig wie möglich zu tun haben will, die ihn aus immer neuen Anlässen nur mit Unverständnis und Ablehnung erfüllt, diese Brüchigkeit in Staubfingers Bezug zu seiner Gegenwart verbindet ihn mit der Büchernärrin Elinor (meiner Lieblingsfigur im »Tintenherz«): »Auch ihre Heimat hatte aus Papier und Druckerschwärze bestanden, ähnlich wie die seine. Wahrscheinlich fühlte sie sich in der echten Welt ebenso fremd wie er.« (S. 370) Auch für Elinor ist in den Büchern die bessere Welt verborgen, sie sind ein Zufluchtsort, an dem wir – zumindest zeitweise – die Kälte und Geistlosigkeit unserer Gegenwart hinter uns lassen können: »Die Welt war furchtbar, grausam, mitleidlos, dunkel wie ein schlimmer Traum. Kein Ort zum Leben. Bücher waren der einzige Ort, an dem es Mitleid, Trost, Glück gab ... und Liebe. Bücher liebten jeden, der sie aufschlug, schenkten Geborgenheit und Freundschaft und verlangten nichts dafür, gingen nie fort, niemals, selbst dann nicht, wenn man sie schlecht behandelte. Liebe, Wahrheit, Schönheit, Weisheit und Trost im Angesicht des Todes. Wer hatte das nur gesagt? Irgendein anderer

Büchernarr, sie konnte sich nicht an seinen Namen erinnern, aber an die Worte. Wörter sind unsterblich … außer es kommt jemand und verbrennt sie. Und selbst dann …« (S. 456)

Dabei ist es im übrigen vollkommen wunderbar, welche resolute Stärke, menschliche Größe und Unbestechlichkeit Elinor aus dieser ihrer wahren Heimat zuwächst; in den entscheidenden Momenten, vor allem gegen Ende der Geschichte, tritt sie mit einem Mut und einer Unerschrockenheit auf, dass wir beim Lesen geradezu in Applaus ausgebrochen sind …

Ich muss zu einem Ende kommen mit meiner Vorstellung von »Tintenherz«, obwohl es – wie immer, wenn ich eine gute Geschichte verlassen muss – nicht leicht fällt. Ich hoffe, dass deutlich geworden ist – hier wie bei kaum einem anderen Buch in dieser Sammlung: Lesen, der Umgang mit Büchern, macht das ganze Leben interessanter und spannender, weil es den Blick schult und schärft für andere Welten, andere Sinnzusammenhänge, andere Erlebensweisen. Wir lernen im Lesen, dass es nicht nur eine Welt gibt – das Leben in die Eindimensionalität von Blindheit und Gehorsam zu zwängen ist das Ziel des Bösen Capricorn –, sondern dass es spannend und bereichernd sein kann, sich auf andere Entwürfe einzulassen. Dabei bleibt das Lesen und Vorlesen für uns – im Gegensatz zu einigen Phasen in Cornelia Funkes Geschichte – immer ein freiwilliger Akt: Wir können die Bücher, Schatzkisten gleich, öffnen, wann wir wollen, und eben auch wieder schließen. Wie weit wir uns von ihnen überwältigen lassen, bleibt unsere Entscheidung, ein Umstand, den sich Elinor, als sie bis zum Hals in der Schreckensatmosphäre von Capricorn steckt, sehnsüchtig in Erinnerung ruft: »›Du meine Güte‹, murmelte sie, während sie sich die Schuhe von den Füßen streifte. ›Wenn ich mir überlege, wie oft ich mir gewünscht habe, in eins meiner Lieblingsbücher zu schlüpfen. Dabei ist das doch gerade das Gute an Büchern – dass man sie zuklappen kann, wann immer man will.‹« (S. 164) Daher schlage ich vor, dieses Buch nun zuzuklappen und zu »Tintenherz« zu greifen. Es ist voll bis zum Rand mit Glanz und Dunkelheit, Zauber und Witz. Öffnen Sie es – und es gehört Ihnen.

Literatur

Die besprochenen und erwähnten Kinder- und Jugendbücher:

Kathryn Cave, Chris Riddell: Irgendwie Anders. Hamburg: Oetinger Verlag. ISBN 378916352X (ab 4 Jahren)

Michael Ende, Reinhard Michl; Norbert Nackendick oder Das nackte Nashorn. Stuttgart: Thienemann, ISBN 3522424301 (ab 4 Jahren)

Cornelia Funke: Tintenherz. ISBN 3791504657 (ab 10 Jahren)

Janosch: Oh wie schön ist Panama. Weinheim: Beltz & Gelberg. ISBN 3407805330 (ab 3 Jahren)

Astrid Lindgren, Immer dieser Michel. Hamburg: Oetinger Verlag. ISBN 3789129461 (ab 4 Jahren)

Astrid Lindgren: Ronja Räubertochter. Hamburg: Oetinger Verlag. ISBN 3789129402 (ab 8 Jahren)

Paul Maar: Eine Woche voller Samstage. Hamburg: Oetinger Verlag. ISBN 3789119520 (ab 6 Jahren)

Alan A. Milne: Pu der Bär. Hamburg: Cecilie Dressler Verlag. ISBN 3791513249 (ab 5 Jahren)

Sven Nordqvist: Armer Pettersson. Hamburg: Oetinger-Verlag. ISBN 378916173X (ab 5 Jahren)

Joanne K. Rowling: Harry Potter und der Stein der Weisen. Hamburg: Carlsen. ISBN 3551551677 (ab 8 Jahren)

Hörbücher:

Elke Heidenreich: Am Südpol, denkt man, ist es heiß. Gelesen von der Autorin. München: Der Hör Verlag. ISBN: 3899403827

Alan A. Milne: Pu der Bär. Vorgelesen von Harry Rowohlt. München: Random House Audio. ISBN: 3866040644

Joanne K. Rowling: Harry Potter und der Stein der Weisen. Gelesen von Rufus Beck. München: Der Hör Verlag. ISBN: 3895847011

Zum Weiterlesen:

Benjamin Hoff: Tao Te Puh. Essen: Synthesis. ISBN: 3922026303

Brian Sibley: Dreimal hoch für Pu. Hamburg:Atrium-Verlag. ISBN: 3855359482

John Tyerman Williams: Jenseits von Pu und Böse. Hamburg: Hoffmann & Campe. ISBN: 3455111343

John Tyerman Williams: Bei Pu auf der Couch. Hamburg: Hoffmann & Campe. ISBN: 3455094201

Zur Autorin

Susanne Held, geboren 1955 in Stuttgart, wuchs in einer Familie leidenschaftlicher (Vor-)LeserInnen auf, studierte Germanistik, Romanistik und Philosophie. Susanne Held arbeitete mehrere Jahre als Universitätsdozentin, übersetzte in dieser Zeit u.a. den Versroman ›Erec‹ des Hartmann von Aue und ist alleinerziehende Mutter zweier fast erwachsener Söhne, die leidenschaftlich gern Geschichten vorgelesen bekommen – aber schon lange begeisterte Leser sind. Ihre Freizeit verbringt sie neben dem Schreiben, Klavierspielen und Pilgern – wie sollte es anders sein – mit Lesen und Vorlesen.

Rita Steininger:

Wie Kinder richtig sprechen lernen

Sprachförderung – ein Wegweiser für Eltern

201 Seiten, broschiert, ISBN 3-608-94068-5

Dieses Buch stellt ausgewählte Fördermöglichkeiten für Kinder mit Sprachschwierigkeiten vor: von der Logopädie und Ergotherapie bis hin zur individuellen Förderung in Kindergarten und Schule. Es gibt Eltern Orientierung: Was wird wo wie und warum gemacht? Kommen solche Maßnahmen auch für mein Kind in Frage, und wie können wir sie zu Hause sinnvoll unterstützen?

Rita Steininger:

Kinder lernen mit allen Sinnen

Wahrnehmung im Alltag fördern

199 Seiten, broschiert, ca. 33 Abb., ISBN 3-608-93755-2

Wahrnehmung mit allen Sinnen ist die grundlegende Voraussetzung für Bewegung, Denken, Handeln, Verhalten und Sprache. Der logische Schluß daraus: Wenn die Wahrnehmung gestört ist, äußert sich das durch Auffälligkeiten in der Bewegung, im sozialen Verhalten, in der Sprache, in den emotionalen Äußerungen. Mit Ungezogenheit, Bosheit oder Faulheit hat das ebenso wenig zu tun wie mit schlechter Erziehung.

Dieses Buch will Eltern und Erziehern ein Gespür für solche Zusammenhänge geben. Sie erfahren, an welchen Anzeichen sie mögliche Wahrnehmungsstörungen bei Kindern erkennen. Anhand von einfachen Experimenten erleben sie hautnah, wie sich betroffene Kinder fühlen. Von da ist der Weg zu einer ›sinn-vollen‹ Förderung im Alltag nicht mehr weit.

Klett-Cotta